Sermões sobre Nossa Senhora

Dados Internacionais de Catalogação na Publicação (CIP)
(Câmara Brasileira do Livro, SP, Brasil)

Claraval, Bernardo de
  Sermões sobre Nossa Senhora / Bernardo de Claraval ; tradução e introdução de Ary E. Pintarelli. – Petrópolis, RJ : Vozes, 2024.

  ISBN 978-85-326-6926-1

  1. Cristianismo 2. Espiritualidade 3. Maria, Virgem Santa 4. Sermões I. Título.

24-223184   CDD-252.02

Índices para catálogo sistemático:
1. Sermões : Igreja Católica : Cristianismo   252.02

Eliane de Freitas Leite – Bibliotecária – CRB 8/8415

São Bernardo de Claraval

Sermões sobre Nossa Senhora

Tradução e introdução de Frei Ary E. Pintarelli

EDITORA VOZES

Petrópolis

© 1998, 2024, Editora Vozes Ltda.
Rua Frei Luís, 100
25689-900 Petrópolis, RJ
www.vozes.com.br
Brasil

Todos os direitos reservados. Nenhuma parte desta obra poderá ser reproduzida ou transmitida por qualquer forma e/ou quaisquer meios (eletrônico ou mecânico, incluindo fotocópia e gravação) ou arquivada em qualquer sistema ou banco de dados sem permissão escrita da editora.

Conselho Editorial	**Produção Editorial**
Diretor	Aline L.R. de Barros
Volney J. Berkenbrock	Jailson Scota
	Marcelo Telles
Editores	Mirela de Oliveira
Aline dos Santos Carneiro	Natália França
Edrian Josué Pasini	Otaviano M. Cunha
Marilac Loraine Oleniki	Priscilla A.F. Alves
Welder Lancieri Marchini	Rafael de Oliveira
	Samuel Rezende
Conselheiros	Vanessa Luz
Elói Dionísio Piva	Verônica M. Guedes
Francisco Morás	
Gilberto Gonçalves Garcia	
Ludovico Garmus	
Teobaldo Heidemann	

Secretário executivo
Leonardo A.R.T. dos Santos

Editoração: Beatriz Vilardo
Diagramação: Victor Mauricio Bello
Revisão gráfica: Fernanda Guerriero Antunes
Capa: Pedro Oliveira

> Este livro teve uma primeira edição em 1998, com o título *Sermões para as festas de Nossa Senhora*.

ISBN 978-85-326-6926-1

Este livro foi composto e impresso pela Editora Vozes Ltda.

Sumário

Introdução, 7
  1 – Traços biográficos de São Bernardo, 9
  2 – A obra de São Bernardo, 12
  3 – Fontes e estilo de Bernardo, 18
  4 – Espiritualidade e mariologia de Bernardo, 22
  5 – A presente tradução, 28

1 | Louvores à Virgem Mãe, 31
  Apresentação, 33
  1º Sermão, 35
  2º Sermão, 47
  3º Sermão, 69
  4º Sermão, 85

2 | Na atividade da Bem-aventurada Virgem Maria, 105
  Sermão: O aqueduto, 107

3 | Na Anunciação do Senhor, 127
  1º Sermão: Sobre o verso do Salmo 84,10 – A fim de que a glória habite em nossa terra, 129
  2º Sermão: O Espírito septiforme, 145
  3º Sermão: Maria, a adúltera e Susana, 151

4 | Na purificação de Santa Maria, 163
  1º Sermão: O Cântico: Recebemos, 165
  2º Sermão: A ordem e o significado da procissão, 171
  3º Sermão: O preceito de Moisés e a oferta do sacrifício matutino, 175
  Sermão 51: Quem carregou Cristo, a purificação de Maria e a circuncisão de Cristo, 179
  Sermão 52: Santa Maria, 181

5 | Na Assunção da Bem-aventurada Maria, 185
 1º Sermão: A dúplice assunção, 187
 2º Sermão: A casa que deve ser limpa, ornada, enchida, 193
 3º Sermão: Maria, Marta e Lázaro, 203
 4º Sermão: Os quatro dias de Lázaro e o elogio à Virgem, 211
 5º Sermão: Sobre o mesmo assunto, 221
 6º Sermão: Os três elementos que tornam Maria "cheia de graça", 237

6 | Domingo durante a oitava da Assunção, 239
 Sermão - Sobre as palavras do Apocalipse, 241

Introdução

Queremos iniciar esta introdução a alguns sermões de São Bernardo com uma palavra de João Paulo II na recente mensagem aos membros da família cisterciense: *Ao se aproximar o terceiro milênio, quando toda a Igreja se prepara para o grande Jubileu, recordamos a memória da obra profética de Roberto de Molesme e seus companheiros* (*L'Osservatore Romano*, 23 mar. 1998, p. 11). De fato, foi a 21 de março de 1098, portanto no limiar do segundo milênio, que os monges Roberto, Alberico e Estêvão e cerca de 20 companheiros deixaram a grande Abadia de Cluny, dirigindo-se ao mosteiro de Cîteaux (em latim *Cistercium*, daí o nome), para ali viver e praticar a Regra de São Bento ao pé da letra, em todo o seu rigor ascético e na forma cenobítica mais acentuada. Dois pontos destacavam-se no novo gênero de vida: a prática de uma pobreza radical, vivida pessoal e comunitariamente e manifestada nas construções mais modestas e na vida litúrgica mais sóbria; e a revalorização do trabalho manual e agrícola, como fonte de sustento da própria comunidade.

Nem o Abade São Roberto ou seus dois sucessores também santos, Alberico e Estêvão, pensavam em fundar uma nova Ordem. Isso, porém, acabou acontecendo, graças à rápida expansão do carisma de Cîteaux, motivada, também, pela entrada de São Bernardo para a vida monacal e ao consequente surgimento de grande número de mosteiros. O novo sangue despertou novo vigor em Cîteaux e já em 1113 se fez necessária a primeira fundação, *La Ferté*, e em 1114 foi a vez de *Pontigny*. Na primavera de 1115 urgia uma terceira colônia e se pensou num deserto árido e inacessível: *Clairvaux*, ou Claraval, como dizemos nós, para onde foi enviado Bernardo, então com 25 anos, e mais outros 12 monges. As dificuldades iniciais foram grandes, mas o trabalho persistente dos monges conseguiu transformar a paisagem adversa num vale claro e ridente. No mesmo ano surgiu também a Abadia de *Morimond*, e estavam vivas as *quatro filhas* de Cîteaux, como são conhecidas. E os mosteiros multiplicaram-se rapidamente, de forma que em meados do século XII contavam-se 343 mosteiros cistercienses espalhados por toda a Europa, 66 dos quais fundados por São Bernardo e dependentes de Claraval, do que "resultou uma importantíssima contribuição para a história da espiritualidade e da cultura ocidental" (João Paulo II, *ib.*).

No Brasil, os monges cistercienses puderam estabelecer seus mosteiros só no século XX, embora no tempo do Brasil colônia tenhamos tido alguns bispos cistercienses, vindos de Portugal. Hoje temos cinco mosteiros masculinos: três no estado de São Paulo, em São José do Rio Pardo, Itaporanga e Itatinga; um na Bahia, em Jequitibá; e outro em Minas Gerais, em Claraval. E ainda três mosteiros femininos: em Itararé/SP, Campo Grande/MS e Santa Cruz do Monte Castelo/PR.

Suas atividades são bastante diversificadas, de acordo com as circunstâncias e necessidades da Igreja do Brasil; mas podemos dar destaque à celebração cantada da Liturgia das Horas, direção espiritual e pregação de retiros, trabalhos manuais, artísticos e educacionais, estudos e ministério pastoral em paróquias. À hierarquia eclesiástica do Brasil a Ordem ofereceu um bispo, Dom Orani João Tempesta[1], que desde 1997 é bispo em São José do Rio Preto, no estado de São Paulo.

1 – Traços biográficos de São Bernardo

Vários séculos nos separam do autor das páginas que apresentamos neste livro. Um autor que, do ponto de vista político, cultural, literário e religioso, influenciou o seu século como nenhum outro contemporâneo seu, embora em vida tenha recusado qualquer cargo honorífico, preferindo continuar como abade de seu provinciano mosteiro de Claraval por 38 anos.

Bernardo nasceu em 1090, no castelo de Fontaines, perto de Dijon, na França, de uma família da pequena nobreza: seu pai, Tescellin le Saure, era um dignitário da corte do Duque da Borgonha, e sua mãe, Alette, que pouco ou quase nada tinha de castelã, era antes austera de vida e muito generosa com os pobres. Assim, a mãe infundiu em Bernardo o gosto pelo "deserto", imagem beneditina que significa "viver só para Deus", e o pai lhe legou o temperamento nobre, ligado a uma longa genealogia de senhores, bispos e abades.

---

1. Nota do editor: Dom Orani João Tempesta, O.Cist, é Arcebispo da Arquidiocese do Rio de Janeiro desde 2004 e, em 2014, foi criado cardeal pelo papa Francisco.

Em 1098, ano em que o Abade Roberto chegava a Cîteaux, Bernardo passou a frequentar a célebre escola dos Cônegos da Igreja de Saint-Vorles, em Châtillon-sur-Seine, onde é instruído nas artes liberais, nas letras e nos clássicos latinos que ali se ensinavam. Os métodos bastante duros dos mestres dessa escola foram para Bernardo uma autêntica escola de penitência. Em fins de 1107, Bernardo retorna a Fontaines, junto ao pai e seus sete irmãos, pois a 1º de setembro desaparecera a delicada figura da mãe, que tanta influência exercera e continuará a exercer no espírito de Bernardo.

É desse período o grande e importante episódio de sua "conversão": um dia, quando, em seu cavalo, corria veloz pelas florestas e vinhedos da Borgonha, a fim de visitar os irmãos que participavam do assédio de Grancey, uma voz interior falou mais alto, e ele mudou de direção, acabando por ir a uma igreja da região, onde "derramou como água o seu coração na presença de seu Deus", no dizer de seu biógrafo. O que ali aconteceu realmente, talvez jamais o saberemos; o fato é que Bernardo passou a dar ouvidos à voz que o chamava para o "deserto", a viver só para Cristo, o que implicava abandonar o mundo. E com a conversão de Bernardo teve início uma longa e famosa série de outras conversões, antes mesmo de entrar para o claustro: um tio, Galdrico, quatro dos seus irmãos de sangue, parentes, amigos. Retiraram-se todos para a modesta casa de um deles, em Châtillon, onde Bernardo estudara, e ali começaram a trabalhar e a viver a caridade.

Nessa época, o mosteiro de Cîteaux vivia momentos de dificuldade. Quer por ter sido acusado de excessivo rigor e assim fomentar a divisão entre as Ordens religiosas, quer porque uma epidemia havia tirado a vida de muitos monges. Com isso, as vocações desapareceram. Foi quando, em abril de 1112, Bernardo e seus mais de 30 companheiros se apresentaram para assumir aquele tipo de vida e foram recebidos pelo Abade Santo Estêvão Harding, que, no auge da alegria, exclamou: *"Bernarde, ad quid venisti?"* (= Bernardo, a que vieste?). E Bernardo iniciou o noviciado, prolongando-o até 1115.

De constituição física delicada e franzina, imediatamente, Bernardo viu abalar-se ainda mais a saúde, de forma que a doença, a fraqueza e o esgotamento nunca mais o deixaram. Enquanto seus colegas, mais robustos, eram destinados a trabalhos manuais pesados, ele teve que se adaptar a trabalhos mais leves e dedicar-se, sobretudo, ao exercício da contemplação; o que ele fez pela leitura constante e meditação prazerosa das Escrituras.

Bernardo ligará para sempre o seu nome ao mosteiro de Claraval, porque fez dele a base predileta de sua grande ação e ali permaneceu como abade até a sua morte, ocorrida a 20 de agosto de 1153. Foi canonizado em 1174, pelo Papa Alexandre III; e Pio VIII, em 1830, o declarou Doutor da Igreja, com o título de *Doctor Mellifluus*, por causa da fluidez do seu estilo doce que escorre como o mel do favo. Tanto que, na iconografia, ele é muitas vezes representado tendo nas mãos ou ao lado um favo de mel.

2 – A obra de São Bernardo

Ao avaliar Bernardo de Claraval, as opiniões se dividem. O esplendor luminoso de sua fama adquiriu colorações variadas. Um grande irmão seu, já na Contemporaneidade, Thomas Merton, descreveu-nos bem a situação: "Talvez ele tenha sido demasiadamente grande para poder permanecer em toda a sua grandeza na memória dos pósteros. Por isso, a história se apropriou de um aspecto de sua personalidade, a teologia de outro, a piedade de mais um e sua Ordem de outro ainda".

E de fato, entre outros aspectos, Bernardo é conhecido na história como poderoso homem político e eclesiástico, como pregador de cruzadas, reformador da Igreja, adversário das heresias, defensor dos hebreus, místico profundo, fiel devoto de Maria, asceta, escritor fecundo e claro.

A movimentada obra de Bernardo, sobretudo sua vida pública, apresenta-se talvez em forte contradição com a sua atividade de monge e com a sua doutrina de místico. Tanto que alguns autores pensam até numa ruptura de sua personalidade. Mas o homem que por alguns decênios deixou sua marca decisiva na história da Europa, viveu, ao mesmo tempo, a sua vida de monge com tal dedicação e força que entusiasmou muitas pessoas a segui-lo. Tanto que Claraval não era apenas um mosteiro, um lugar, mas um estilo de vida.

Teve início, portanto, a sua "vida pública", que, por razões didáticas, podemos dividir em dois aspectos essenciais. Porém, tendo presente que, por se tratar de vida, isto é, de uma realidade complexa, não esquematizada, mas sempre unitária, sobreposta, entrelaçada, vivida na simultaneidade, os dois aspectos reclamam-se e se explicam mutuamente: sua produção literária e sua ação no mundo político-eclesial.

Toda a sua atividade político-eclesial foi condicionada e, em parte, limitada à situação histórica do momento. Sua produção literária, sua doutrina mística e espiritual ou, se quisermos, teológica, porém, continuaram a exercer grande influência durante os séculos e nos mostram uma das personalidades mais ricas e influentes da Idade Média. Por isso, apresentaremos primeiramente os seus escritos, e não em ordem cronológica de sua publicação, mas reunindo-os em três grandes grupos: as cartas, os sermões e os tratados.

Os textos relativamente mais espontâneos de Bernardo são suas *Cartas*, das quais temos aproximadamente 500, e foram escritas a partir de 1116 até o ano de sua morte. Dizemos "relativamente" espontâneas, porque ainda em vida de Bernardo foram recolhidas numa primeira coleção e por ele retocadas em vista da publicação. Aliás, estudos recentes mostram que todos os textos de Bernardo foram constantemente revistos por ele ou por seus secretários. As cartas de Bernardo tratam de todos os assuntos e questões que se possam imaginar, desde breves explicações sobre problemas materiais e organizativos, até escritos políticos, conselhos espirituais e completos tratados de caráter teológico-místico.

Os *Sermões* de Bernardo constituem mais da metade de sua obra. Podemos dividi-los em cinco grupos:

a) *Sermones de tempore*: são 86 sermões dominicais, para as festas do ano litúrgico ou dos santos, entre os quais a série sobre a perícope da anunciação em Lucas, conhecida como *Super Missus* e que são os Louvores à Virgem Mãe apresentados neste volume; b) *Sermones de Sanctis*: ao todo são 43, 11 deles dedicados a Maria, entre os quais o do Aqueduto; c) *Sermones de Diversis*: num total de 117, tratam de assuntos vários; d) *Sermones in Ps. 90*: sobre o Salmo 90 são 17 sermões; e) *Sermones super Cantica Canticorum*: são 86 sermões sobre o Cântico dos Cânticos e que estão entre os mais famosos e importantes. Iniciados em 1135, ele os pensou como um comentário continuado a todo o livro bíblico, mas não passou do Capítulo 3, versículo 1.

Mais tarde, seus discípulos completaram o comentário com mais 168 sermões. Acrescentemos que o livro do Cântico dos Cânticos talvez tenha sido o livro bíblico que os místicos da Idade Média mais comentavam e com maior prazer. Bernardo trabalhou nesses sermões por bem 20 anos e, baseado na experiência pessoal, desenvolve neles, de modo profundo e vital, a doutrina do caminho percorrido pela alma em direção a Deus, como ela amadurece até se tornar a esposa da Palavra divina e se unir a Cristo num esponsalício místico.

Entre seus numerosos *Tratados* destacamos: *Os graus da humildade e da soberba* (escrito em 1124), cronologicamente é o primeiro escrito de São Bernardo; *O dever de amar a Deus* (1126-1141), com comentário ao Cântico dos Cânticos é a mais completa exposição da doutrina bernardina sobre o amor; *Apologia ao Abade*

Guilherme (1127), defesa do espírito beneditino contra eventuais abusos; *A graça e o livre-arbítrio* (1127-1128), a única obra propriamente especulativa de Bernardo e, na Idade Média, um texto fundamental sobre o problema da liberdade e da graça; *Louvor à nova milícia* (1132-1136), escrito para difundir a Ordem dos Templários, para a qual ele havia redigido a Regra; *Aos clérigos sobre a conversão* (1140), uma crítica à ciência adquirida por ambição e não por amor; *Contra os principais erros de Pedro Abelardo* (1140), precioso documento sobre a controvérsia com Abelardo; *O Batismo e outras questões* (1142), resposta a algumas questões apresentadas por Hugo de São Vítor; *O mandamento e a partilha* (1143-1144), sobre a vida religiosa, especialmente sobre a obediência e a perfeição religiosa; *Vida de S. Malaquias* (1149-1152), estilisticamente a mais perfeita e unitária obra; na pessoa de seu amigo Malaquias, traça a figura do bispo ideal; *Observação ao Papa Eugênio* (1145-1153), cronologicamente sua última obra, constitui um pequeno tratado em forma de carta ao Papa Eugênio III, sobre os vícios do clero e a necessidade de uma reforma da Igreja.

Seguindo em ordem cronológica, passemos então às questões político-eclesiais, às quais Bernardo se dedicou com grande intensidade, sobretudo a partir de 1128.

Foi secretário do Concílio de Troyes (1128) e, no ano seguinte, foi mediador entre o Rei Luís VI, o Grande (†1137), e o bispo de Paris; em 1129 e 1130 foi o pacificador entre o mesmo rei e o arcebispo de Sens.

A partir de 1130, quando dois papas, Inocêncio II e Anacleto II, lutavam entre si pelo direito de ocupar a sede pontifícia, Bernardo colocou-se ao lado de Inocêncio II, e durante o Concílio de Etampes (1130) convenceu Luís VI e os bispos franceses a apoiar o seu candidato. O Rei Lotário II (†1137), da Germânia, e o clero alemão aderiram pouco depois a esta decisão e, em 1130-1131, Bernardo dirigiu-se ao rei da Inglaterra para que este também reconhecesse como legítimo o Papa Inocêncio II.

Em 1133, a pedido do papa, Bernardo iniciou uma longa viagem pela Itália: foi mediador na guerra entre Pisa e Gênova e chegou até Roma para a coroação imperial de Lotário II.

Em 1135, durante o encontro dos príncipes feudais em Bamberg, Alemanha, convenceu o imperador a marchar contra o rei da Sicília, que era inimigo do papa. Para dar ao imperador a possibilidade de agir livremente na Itália, Bernardo se fez mediador entre ele e os Hohenstaufen.

Em 1137, foi novamente chamado a Roma para ser mediador entre o papa, o imperador e o rei da Sicília. Foi quando convenceu Vítor IV, sucessor do antipapa Anacleto II, a renunciar publicamente.

Terminado o cisma, iniciaram as controvérsias doutrinais com Pedro Abelardo, também ele monge. Por mais diversos que tenham sido os motivos das discussões, trata-se sobretudo da incompreensão de duas atitudes espirituais diferentes diante da maneira de compreender não só a Sagrada Escritura, mas a própria vida de fé; trata-se de incompatibilidade entre as tendências monásticas de Bernardo e as de Abelardo. Os dois se enfrentaram no Concílio de Sens (1140), e Abelardo, que já havia sido condenado uma vez, recebeu nova condenação, que o papa ratificou. Com toda a dignidade, Abelardo retirou-se para o seu mosteiro de Cluny, onde encontrou a compreensão de Pedro, o Venerável, que o reconciliou, antes de morrer, com Bernardo.

Em 1143, Bernardo teve que mediar novamente. Desta vez entre o Rei Luís VII, o Jovem (†1180), e os Condes da região da Champagne. No mesmo ano o Papa Inocêncio o acusou de meter-se demais na política.

Em 1145, Eugênio III, que já fora monge em Claraval, foi eleito papa. Desde então o mosteiro de Claraval tornou-se sempre mais o centro das decisões eclesiais e políticas. Tanto que abertamente se dizia que o verdadeiro papa era Bernardo, que no mesmo ano iniciou uma viagem de pregação contra os hereges em Bordeaux, Tolosa e Albi.

Em 1146, por ordem do papa, Bernardo proclamou a segunda cruzada durante o Sínodo de Vézelay e depois, na primavera de 1147, percorreu a região de Flandres, a Germânia e a França como pregador da cruzada que em 1149 teve um fim catastrófico.

Em 1150, no Concílio de Chartres, Bernardo foi escolhido como promotor de uma nova cruzada. Mas esta nomeação não teve consequências práticas. Na primavera de 1153 conseguiu acertar mais uma vez as tensões políticas na Lorena. De regresso ao mosteiro, adoeceu mais seriamente e veio a falecer a 20 de agosto do mesmo ano.

3 – Fontes e estilo de Bernardo

"A tarefa do monge não é ensinar, mas chorar", escreveu Bernardo ao arcebispo de Mogúncia. Contudo, Bernardo, monge e asceta, foi explicitamente e com sucesso um mestre espiritual: não se limitou ao testemunho silencioso, mas falou, pregou, escreveu, dirigiu-se a indivíduos e a grupos, viajou por toda a Europa e muitos o seguiram, desejosos de se fazerem monges como ele.

Bernardo, que reconhecia aos bispos a plenitude da vocação magisterial na Igreja, foi um verdadeiro mestre em sentido claramente monástico e considerou o claustro, conforme a tradição beneditina, uma verdadeira e própria escola, na qual se ensinava e aprendia o amor. Uma escola do espírito, onde o único e verdadeiro mestre é Cristo, coadjuvado, imperfeitamente talvez, por seus ministros, de modo especial pelo abade.

Se, depois, perguntarmos pelas fontes de inspiração do seu pensamento, será preciso dizer, em primeiro lugar, que para ele, como para todos os autores monásticos medievais, não pode ser esquecida a fonte que nasce da experiência espiritual, do desejo e da necessidade incessante de ir além do texto escrito, para se aproximar de Deus e assim chegar ao próprio crescimento espiritual. Por isso, na introdução geral à edição crítica das *Obras de S. Bernardo*, J. Leclercq pôde dizer que "a primeira e mais importante fonte de Bernardo, em cuja luz utiliza todas as outras, é a própria experiência".

Todavia, querendo saber sobre as fontes literárias, observar-se-á que para todos os autores monásticos a primeira e principal fonte era certamente a Sagrada Escritura, à qual se acrescentavam os Padres da Igreja, a própria Liturgia e, em escala menor, os autores profanos da Antiguidade.

A Bíblia e a tradição patrística eram assimiladas sobretudo através da prática da *lectio divina*, que consistia na leitura direta dos textos, muitas vezes em forma de antologias e florilégios, e na mediação assídua. Fundamental importância exerce também a *oratio*, que se realizava de modo especial na forma de oração litúrgica: o Ofício divino, recitado cotidianamente, era riquíssimo de passagens bíblicas e textos dos Padres.

Se a referência aos escritores clássicos é mais rara, a inspiração emanada dos grandes autores cristãos, em Bernardo, é uma constante, e autores como Agostinho, Ambrósio, Jerônimo, Gregório Magno, Orígenes, Bento e outros estão sempre presentes; todavia, não se torna dependente, mas com decisão assume o seu pensamento, sem recorrer ao "argumento de autoridade".

O uso que Bernardo faz dos textos patrísticos é especial e os casos em que cita explicitamente uma passagem são muito raros: aos Padres deve sobretudo a sugestão dos temas, que não se limita a meditar, mas que enriquece e desenvolve livremente, construindo o próprio pensamento. Bernardo os lê e os repete a seu modo, acentuando os temas que lhe são caros. E é exatamente por esse seu relacionamento com a literatura patrística que se diz ser ele "o último dos Padres, mas certamente não menor que os primeiros".

Bem diferente é seu comportamento diante da Escritura: a Palavra de Deus é citada direta e abundantemente, em trechos mais longos e mais curtos, em citações diretas e explícitas e também em referências indiretas. Com razão diz-se que Bernardo "pensa como a Escritura e fala como a Escritura", pois dela extrai muitíssimas luzes sobre o único mistério da vida divina comunicada por Jesus.

Por outro lado, nas citações da Sagrada Escritura, Bernardo segue ora a *Vulgata*, ora a *Vetus Latina* e por vezes outras traduções em uso no seu tempo e não esquece os livros que hoje elencamos entre os "apócrifos", sobretudo o *Evangelho do Pseudo-Mateus*, um dos mais difusos no Ocidente, que relata muitos fatos da vida de Maria e que influiu grandemente na piedade cristã. Hoje, a Igreja não reconhece essa literatura como autêntica Palavra de Deus, mas não devemos esquecer que o Cânon (= lista) dos Livros Sagrados só foi definido quatro séculos depois de Bernardo, no Concílio de Trento (1545-1563). Outras vezes, puxando pela memória, atribui à Bíblia frases tiradas da Liturgia, que, aliás, se não é bíblica em sentido literal, o é ao menos no espírito.

Por isso, às vezes é preciso traduzir as passagens escriturísticas diretamente do texto de Bernardo. Isso tem uma consequência prática muito sensível: há textos que de forma alguma conferem com as modernas traduções da Bíblia, mesmo porque a ciência bíblica caminhou muito nos últimos decênios, fazendo que até os textos da *Vulgata* sejam irreconhecíveis. Se perguntarmos pelos livros mais citados por Bernardo nos sermões que aqui apresentamos, veremos que ele traz textos de quase todos os livros da Bíblia. Porém, do Antigo Testamento, o mais citado é, obviamente, o livro dos Salmos, seguido pelo Cântico dos Cânticos, do qual cita, ao menos uma vez, cada um dos oito capítulos do livro. Quanto ao Novo Testamento, por motivos evidentes, tratando-se de sermões sobre Maria, o mais citado é o Evangelho de Lucas, seguido de perto pelas cartas de Paulo.

Uma palavrinha sobre o estilo de Bernardo, que é um literato e um homem de Deus, um pensador e um santo, um humanista e um místico ao mesmo tempo. O movimento dos seus períodos segue as leis clássicas da oratória e suas frases, particularmente incisivas, tornam-se verdadeiras máximas de vida cristã. Isso se deve à educação humanista que ele recebeu. A fim de obter os melhores resultados de persuasão, o abade de Claraval sabia manejar a retórica com maestria; para prender e convencer o leitor ou o ouvinte utiliza conscientemente alguns processos de composição e figuras de linguagem (paralelismos, antíteses, aliterações, assonâncias etc.) e respeita escrupulosamente os gêneros literários. Na tradução, infelizmente, muitas vezes se perdem esses detalhes que dão extrema graciosidade ao texto, tornando o autor realmente um clássico.

Do estilo quente e pessoal de Bernardo fala belamente Pio XII, na Carta Encíclica que escreveu, a 24 de maio de 1953, por ocasião do oitavo centenário da morte do santo: "Seu estilo florido, vivo, fluente e brilhante por suas sentenças luminosas, está cheio de tal suavidade e doçura que conquista a inteligência dos leitores, alegra-as e as atira para o céu; um estilo que desperta a piedade, a alimenta, a aperfeiçoa e, por fim, leva a alma a procurar o bem. Não um bem caduco e passageiro, mas o que dura para sempre".

4 – Espiritualidade e mariologia de Bernardo

Sendo monge, Bernardo ensinava aquilo que como monge vivia, meditava e experimentava. Sem pretender dar uma visão detalhada do seu pensamento – nem é aqui o lugar de fazê-lo! –, damos apenas breves acenos, algumas linhas diretivas, sobre os dois temas em questão, no imodesto objetivo de, talvez, despertar a curiosidade de alguém que os desenvolva mais.

Com relação à espiritualidade, uma ideia muito cara a Bernardo e que pode ser proposta como linha constante do seu magistério é a convicção de que a vida espiritual deve caracterizar-se por um contínuo movimento. Essa ideia ele a expressa de forma sintética e lapidar em apenas quatro palavras: *"nolle proficere deficere est"*, não querer avançar na própria vida espiritual significa necessariamente regredir; não é possível parar no ponto a que se chegou sem piorar, porque, no caminho do seguimento de Cristo, ao parar, fica-se para trás, sempre mais distanciados da meta que é objetivo de toda a vida espiritual.

Procurar melhorar sempre. Eis a atitude que pode valer e ser recomendada a qualquer atividade humana. Mas esse caminho espiritual tem um conteúdo preciso, individuado por Bernardo no ponto central da mensagem cristã: Deus é amor e, neste amor, todos podem encontrar a plenitude e a felicidade.

O tema do amor, comum a todos os mestres cristãos de vida espiritual, é absolutamente central na reflexão de Bernardo. De fato, toda a criação expressa o amor e a glória de Deus e a humanidade inteira é chamada a tomar consciência disso. A vida monástica e religiosa e mesmo a leiga, a atividade da Igreja e da sociedade civil, a política dos governantes e a vida de cada dia e até as cruzadas, tudo deveria ser realizado exclusivamente para a glória de Deus e contribuir para a aproximação dos homens entre si e com seu Criador.

A meta da vida espiritual é o amor, a perfeita união com Deus; o ponto de partida é a condição em que o homem se encontra sobre a terra; o caminho para lá chegar é Cristo na sua realidade divino-humana. O homem foi criado à imagem e semelhança de Deus. Pelo pecado, perdeu sua original semelhança com Deus, mas manteve inalterada a marca do Criador, continua a ser imagem de Deus. Portanto, se o homem vê em si uma "situação de dessemelhança" e uma abissal pobreza, está, no entanto, em condições de descobrir em si uma incomparável dignidade: é chamado a uma profunda e inefável união com Deus, tem possibilidade de sair dessa estranha dessemelhança em que se encontra para adquirir a original semelhança com Deus.

Ora, retornar a Deus, para o homem, não significa apenas se unir ao Criador, mas também realizar a reconciliação, a reunificação consigo mesmo e com os outros. Em outras palavras, amar a Deus significa amar a si e ao próximo, ou, nas palavras de Cristo, amar o próximo como a si mesmo. Mas o objetivo da união com Deus e da reconciliação do homem consigo e com o próximo só é atingido ao fim de uma longa caminhada, de um processo de melhora, durante o qual cada um deve atender às condições que permitam chegar à meta; condições que são individuadas na prática das virtudes cristãs. Caminhada ou processo que Bernardo, inspirado pela Bíblia, comparou à escada de Jacó e seus degraus. E, assim, muito cedo Bernardo falava a seus monges sobre os graus/degraus da humildade e da soberba, sobre os graus/degraus da liberdade, sobre os graus/degraus do amor, os graus/degraus da misericórdia, da temperança, da bondade, da penitência e assim por diante.

Jamais alguém colocou em dúvida a devoção mariana de Bernardo. Ao contrário, textos do século XII já o chamam de "servidor e cantor devoto da Virgem" e há quem o recorde como "discípulo muito familiar a Nossa Senhora", por isso Bernardo é também chamado de Doutor Mariano. Assim, seus textos marianos são, evidentemente, autênticas expressões de sua intensa devoção a Maria, baseada em alguns motivos bem precisos, que constituem temas da oração e meditação mariana de Bernardo.

Os escritos que ele dedicou à Virgem, certamente não muito numerosos se os colocarmos no conjunto de sua considerável produção literária, não exaurem toda a mariologia, com o desenvolvimento que teve a partir do século XII. Ele não se preocupa muito com as reflexões teológicas sobre os mistérios da Mãe de Deus, não abre caminhos novos para o desenvolvimento dessa ciência teológica. Nesse sentido, muito esclarecedora é uma passagem da *Carta 174*, que Bernardo endereçou aos cônegos de Lyon, reprovando que eles tenham introduzido a celebração litúrgica da Festa da Imaculada Conceição. Escreve ele:

"Mas tu me respondes que a Mãe do Senhor deve ser muito honrada. Tua observação é correta; mas a 'honra' da rainha 'aprecia o juízo da razão'. A Virgem Rainha não tem necessidade de falsas honras, pois já é repleta de autênticos títulos de honra, de sinais de sua dignidade. Basta que honres a pureza do seu corpo, a santidade de sua vida; admires a fecundidade da Virgem, veneres sua prole divina. Exaltes aquela que ao conceber não conheceu a concupiscência e ao dar à luz não conheceu a dor. Engrandeças aquela que deve ser reverenciada pelos anjos, que é desejada pelos povos, conhecida antes pelos patriarcas e profetas, escolhida entre todas, anteposta a todas [as mulheres]. Engrandeças aquela que transmite a graça, que é medianeira de salvação, que sana o mal do mundo; exaltes, enfim, aquela que foi assunta ao reino dos céus, acima dos coros dos anjos. É isso que dela canta a Igreja e que me ensinou a cantá-lo também. É isso que a Igreja me ensinou, que eu conservo com segurança e o proclamo; mas aquilo que dela não me foi ensinado, confesso, eu teria escrúpulo de admitir".

Como mostrou Henri Barré num dos melhores ensaios sobre a presença de Maria na oração e no pensamento de São Bernardo, o abade de Claraval não só se mostrou contrário à introdução da Festa da Imaculada Conceição de Maria, mas também sobre a Assunção da Virgem ao céu; não tem afirmações explícitas sobre o corpo da Mãe de Deus. São dois dogmas proclamados em tempos recentes: o da Imaculada Conceição em 1854; o da Assunção, em 1950. Na época de Bernardo, boa parte dos grandes teólogos manteve reservas nos dois itens, mesmo se o povo celebrava com grande piedade as festas em honra desses dois privilégios marianos.

Todavia, Bernardo continua a ocupar um importante lugar na história da devoção mariana porque ele soube retomar e repropor aquilo que a tradição patrística havia ensinado sobre a Virgem e se serviu de maneira incomparável dos instrumentos que a teologia monástica de então lhe oferecia – a *lectio divina* – para expressar uma autêntica e elevadíssima devoção mariana.

É o que apresentamos neste volume.

Em primeiro lugar, estão os quatro sermões sobre o Evangelho da Anunciação, que o próprio Bernardo quis reunir num opúsculo intitulado *Louvores à Virgem Mãe*. São os célebres sermões *Super Missus*, como são conhecidos, por causa da primeira palavra evangélica: *Missus est angelus Gabriel*, e estão entre as coisas mais belas que Bernardo deixou em louvor a Maria. Não se devem a alguma festa litúrgica e nunca foram pronunciados. São discursos que nasceram de sua devoção, redigidos por volta de 1117, durante um especial momento de enfermidade.

Todos os demais escritos têm origem, digamos, litúrgica. Trata-se da redação dos discursos que, efetivamente, o Abade fazia aos seus monges durante as celebrações. A tradição monástica reservava ao Abade a homilia relativa ao trecho do Evangelho que naquele dia era lido durante a missa. Nesse elenco podem ser inseridos todos os sermões pronunciados nas festas de Nossa Senhora: o sermão para a Festa da *Natividade de Maria*, conhecido como "do Aqueduto"; os três sermões para a Festa da *Purificação de Maria*, com outros dois tirados dos *De Diversis*, mas que tratam do mesmo tema; os seis sermões sobre a *Assunção da Bem-aventurada Vigem* e outro sermão pronunciado por Bernardo no *Domingo durante a oitava da Assunção*.

Acrescentamos ainda três discursos pronunciados na *Festa da Anunciação*. Na verdade, esta é uma festa do Senhor, tanto no tempo de Bernardo quanto agora, após a reforma litúrgica promovida pelo Concílio Vaticano II. Não é uma festa de Nossa Senhora, como o era até poucos anos. Por isso, não devemos admirar-nos se somente um pequeno trecho do terceiro sermão trata explicitamente de Maria.

Como conclusão a este parágrafo, devemos dizer que Bernardo não levou avante a especulação teológica dos mistérios relativos a Maria, mas insistiu na devoção que lhe é devida, na admiração, no louvor, no culto. Sua devoção é perpassada de fervor, em vista da oração e da contemplação. E nisto ele é genial. Se falou da mediação de Maria com menor especulação do que Santo Anselmo, o fez com maior frequência, porque na mediação de Maria resumiu todo o papel da Virgem. À mediação dedicou um sermão inteiro, o do Aqueduto, além de diversas outras referências nos vários escritos. Enfim, grandes espaços são reservados aos temas da fecundidade, da sublimidade da prole e da virgindade de Maria unidos à sua humildade, que lhes serve de base.

E com isso, formando quase uma ladainha, surgem os outros títulos e prerrogativas de Maria, que é a segunda Eva, predestinada a ser a Mãe de Deus, a corredentora do gênero humano, a dispensadora de todas as graças. Para Bernardo, Maria de Nazaré é a excelsa Mãe do Filho de Deus, a Virgem prudente, humilde e casta, a rainha, a estrela do mar, a mulher de toda admiração, revestida de sol e coroada de estrelas, venerável mais que todas as mulheres, reparadora dos primeiros pais, salvadora dos homens.

5 – A presente tradução

Uma palavrinha de esclarecimento sobre esta tradução:

Em primeiro lugar, queremos dizer que nos servimos da edição crítica latina, publicada sob o título *Sancti Bernardi Opera* (daqui em diante, *SBO*), em oito volumes, sob os cuidados de J. Leclercq e H.M. Rochais, Editiones Cistercienses, Roma, 1957-1977. Para eventuais consultas ou clarificações, logo abaixo do título de cada série de sermões indicamos o volume e as páginas em que tal texto pode ser encontrado no original latino dessa edição.

Nas citações da Bíblia, mantivemos a tradução da *Vulgata*, com a respectiva numeração de capítulos e versículos, inclusive a numeração dos Salmos. Numeração, aliás, adotada pelos editores do texto crítico.

Contudo, para destacar o abundante uso que Bernardo faz da Sagrada Escritura, indicamos, no texto, a quase totalidade das passagens por ele citadas. Esse procedimento tem a inconveniência de cortar o texto, mas tem a vantagem de ajudar muito a identificar rapidamente a proveniência da citação, sem ter que procurá-la em intermináveis notas de rodapé. Além disso, nas citações da Bíblia adotamos o seguinte critério: citações textuais aparecem em itálico, com indicação da fonte em que se encontram; citações não textuais são grafadas normalmente, com indicação da fonte.

Na tradução, guiaram-nos dois princípios que consideramos indispensáveis a qualquer tradução: fidelidade ao texto original e fidelidade à língua portuguesa, isto é, não dizer o que Bernardo não quisesse dizer e dizê-lo como ele o disse, mas de uma forma que seja compatível com a nossa maneira de falar. Isso nem sempre é fácil ou possível, sobretudo nas figuras de linguagem, em que, ao ser traduzido, o texto perde o vigor e a beleza do original latino.

Por fim, um objetivo que nos guiou nesse trabalho foi mostrar que, apesar dos mais de 900 anos que nos separam, Bernardo não parece um homem tão distante; ao contrário, nas experiências e tensões que o animam, vemo-lo próximo e familiar a nós. Por isso, queremos concluir com o diagnóstico feito por Pio XII na citada Encíclica *Doctor Mellifluus*, e que julgamos válido também para os nossos dias: "Já que hoje, em muitos corações, o amor a Deus ou insensivelmente esfria ou até, com frequência, se apaga totalmente, julgamos que se devam meditar com atenção estes escritos do Doutor Melífluo. Com efeito, de sua doutrina... pode brotar uma nova força espiritual que sustenta os costumes públicos... e, assim, pode oferecer os remédios adequados a tantos e tão graves males que perturbam e afligem a sociedade".

Frei Ary E. Pintarelli, OFM
Solenidade da Páscoa de 1998

1

Louvores à Virgem Mãe

(SBO, vol. IV, p. 13-58)

Apresentação

A devoção me forçava a escrever alguma coisa, mas ocupações me impediam. Agora, porém, que uma doença física não me consente participar da vida dos irmãos, não quero deixar passar no ócio o tanto de tempo que tenho à disposição, talvez até roubando-o ao sono da noite.

Com prazer, pois, tentarei iniciar aquilo que muitas vezes desejei fazer: dizer algo em louvor à Virgem Mãe, baseado no texto evangélico em que Lucas narra a história da Anunciação do Senhor.

Embora não seja obrigado a realizar esse trabalho por alguma urgente necessidade ou utilidade dos irmãos, cuja perfeição é preciso que eu busque, creio que eles não serão prejudicados se satisfaço a minha devoção; contanto que isso não me impeça de estar pronto a atender a alguma necessidade que eles tenham.

1º Sermão

O Anjo Gabriel foi enviado por Deus a uma cidade da Galileia, chamada Nazaré, a uma virgem desposada com um varão, chamado José, da casa de Davi. E o nome da virgem era Maria (Lc 1,26-27).

1. O que pretendia dizer o Evangelista nesta passagem, ao assinalar tantas coisas com seus nomes próprios? Creio que ele não queria que ouvíssemos de forma displicente aquilo que com tanta diligência ele se esforçou por contar.

De fato, ele dá o nome do mensageiro que é enviado, do Senhor que o envia, da Virgem à qual é enviado e até do esposo da Virgem; e ainda designa com seus nomes a ascendência, a cidade e a região de ambos. Para que isso? Pensas, talvez, que sejam detalhes supérfluos? De modo algum. Afinal, se uma folha não se desprende da árvore sem motivo, nem um pássaro cai por terra sem que o Pai celeste o queira (cf. Mt 10,29), posso eu supor que da boca do santo Evangelista saia uma palavra supérflua, sobretudo quando se trata da sagrada história do Verbo? Não creio.

Na verdade, todas essas palavras estão cheias de profundos mistérios e cada uma delas derrama celeste doçura, se houver alguém que as medite com diligência e saiba sugar o mel da pedra e o óleo da rocha duríssima (cf. Dt 32,13). Naquele dia, por certo, os montes destilaram doçura e as colinas manaram leite e mel (cf. Jl 3,18), pois, enquanto os céus rorejavam do alto e as nuvens choviam o justo, a terra se abriu alegre para germinar o Salvador (cf. Is 45,8); enquanto o Senhor espalhava a sua bondade e a nossa terra produzia o seu fruto (cf. Sl 84,13), sobre o monte dos montes, monte altaneiro e fecundo (cf. Sl 67,16), a misericórdia e a verdade se encontraram e a justiça e a paz se beijaram (cf. Sl 84,11). Exatamente naquele tempo, o nosso santo Evangelista, que é um monte não menos elevado que os demais, com melíflua eloquência nos descreveu o início da nossa esperada salvação e, como que impelido pelo vento sul (cf. Jó 37,17) e pelos raios do Sol de justiça (cf. Ml 4,2) já próximo a nascer, espalhou o perfume de celestes aromas.

Oxalá também agora Deus profira a sua palavra e esparja sobre nós os seus perfumes; sopre sobre nós o seu Espírito e nos torne compreensíveis as palavras do Evangelho, a fim de que aos nossos corações elas sejam mais desejáveis do que o ouro e a pedra preciosa e mais doces do que o mel e o favo (cf. Sl 18,11)!

2. Diz, pois: *O Anjo Gabriel foi enviado por Deus* (Lc 1,26). Não creio que esse Anjo seja um dos menores que, por algum motivo, frequentemente costumam ser enviados à terra com uma mensagem; isso se deduz claramente do seu nome, que significa "Força de Deus"[2], e também do fato de não ser enviado por um outro espírito, talvez superior a ele, como acontece; mas se diz

---

2. É a interpretação que São Jerônimo dá do nome Gabriel, no seu *Livro da interpretação dos nomes hebraicos*.

que é enviado pelo próprio Deus. Por isso foi escrito: *por Deus*. E diz-se *por Deus*, para que não se pense que Deus tenha revelado o seu plano a algum espírito bem-aventurado antes que à Virgem; exceção feita, naturalmente, ao Arcanjo Gabriel, cuja dignidade, entre todos os anjos, era tanta que Deus o julgou digno de tal nome e tal mensagem.

Aliás, o nome concorda com a mensagem. De fato, quem mais indicado para anunciar Cristo, que é o poder de Deus (cf. 1Cor 1,24), senão ele que traz o mesmo nome? Pois, o que é a força, senão o poder? Portanto, nada há de indigno ou inconveniente que se indique o senhor e o mensageiro com a mesma palavra, já que o mesmo nome é atribuído a um e a outro por razões diferentes. Com efeito, uma coisa é dizer que Cristo é a força ou o poder de Deus, outra é dizê-lo do anjo: o anjo é força de Deus só por participação; Cristo, porém, o é por essência. Cristo é chamado e é o poder de Deus porque é ele que, sobrevindo mais forte, venceu com a força de seu braço o valente armado que protegia tranquilamente a entrada de sua casa, e assim lhe tirou todos os bens dos quais se havia apoderado (cf. Lc 11,21-22).

O anjo, porém, é chamado força de Deus, porque mereceu o privilégio de anunciar a vinda do poder de Deus, e porque devia encorajar uma virgem, por natureza temerosa, simples e pudica, para que não se espantasse com a novidade do milagre. O que ele fez, dizendo: *Não temas, Maria, pois achaste graça diante de Deus* (Lc 1,30).

Mas pode-se razoavelmente pensar, embora o Evangelista não o diga, que o mesmo anjo talvez tenha confortado também o esposo [de Maria], também ele um homem humilde e timorato. Disse-lhe: *José, filho de Davi, não tenhas medo de receber Maria, tua esposa* (Mt 1,20). Portanto, era conveniente que se escolhesse Gabriel para essa tarefa; e, até porque lhe foi confiada essa missão, cabe-lhe bem o nome com o qual é chamado[3].

3. Portanto, *o Anjo Gabriel foi enviado por Deus*. Para onde? *A uma cidade da Galileia, chamada Nazaré*. Vejamos se, como diz Natanael, de Nazaré pode sair alguma coisa boa (cf. Jo 1,46).

Nazaré significa flor[4]. Penso que as palavras e as promessas feitas por Deus a nossos pais, a Abraão, Isaac e Jacó, tenham sido como que a semente do conhecimento de Deus, deixada cair do céu à terra. Dessa semente foi escrito: *Se o Senhor dos exércitos não nos tivesse deixado uma semente, ter-nos-íamos tornado como Sodoma e nos assemelharíamos a Gomorra* (Rm 9,29)[5]. Essa semente floresceu nas maravilhas manifestadas na saída do povo de Israel do Egito, nos símbolos e nos mistérios durante toda a caminhada pelo deserto até a terra prometida e, depois, nas visões e vaticínios dos profetas, na organização do reino e do sacerdócio até Cristo.

---

3. O Evangelho de Mateus, que Bernardo aqui cita, não indica o nome do anjo que acalmou e aconselhou São José. Ele quer crer e considera oportuno que seja o Anjo Gabriel..
4. Cf. S. JERÔNIMO, *Livro dos nomes*...
5. As cidades de Sodoma e Gomorra, como se sabe, são o símbolo de uma comunidade punida por Deus por causa de seus pecados. Cf. Gn 19.

Não é sem razão que Cristo é chamado fruto dessa semente e dessas flores, segundo diz Davi: *O Senhor dará a sua bondade e a nossa terra produzirá o seu fruto* (Sl 84,13), e ainda: *Colocarei sobre o teu trono o fruto das tuas entranhas* (Sl 131,11).

Portanto, anuncia-se que Cristo há de nascer em Nazaré (cf. Mt 2,23), porque na flor está a esperança do fruto que virá. Ora, quando aparece o fruto, a flor murcha; assim, quando a verdade se manifesta na carne, desaparece a figura[6]. Por isso, também se diz que Nazaré é uma cidade da Galileia, isto é, da passagem[7], porque quando Cristo nasceu, desapareceram todas as coisas que lembrei acima; como diz o Apóstolo: *Todas estas coisas lhe aconteciam em figura* (1Cor 10,11).

Também nós, que já estamos de posse do fruto, vemos que essas flores caíram, e até, enquanto floresciam, previa-se que seriam passageiras. Por isso, diz Davi[8]: *Transitório como a erva numa manhã: pela manhã floresce e viceja; à tarde murcha, endurece e seca* (Sl 89,6). À tarde, quer dizer, *quando chegou a plenitude dos tempos,*

---

[6]. Bernardo leva até o fim a imagem da flor: a flor murcha para dar lugar ao fruto; da mesma forma, Nazaré, como todos os símbolos do Antigo Testamento, dá lugar à verdade do Evangelho.

[7]. É sempre São Jerônimo a nos informar que Galileia significa "terra da passagem". Isso, talvez, porque era por ali que passavam as caravanas que faziam o comércio entre o Egito e a Babilônia.

[8]. Seguindo o pensamento comum da época, Bernardo considera Davi o autor de todos os Salmos. Aliás, faz o mesmo com os livros sapienciais, atribuindo-os a Salomão, e também com os livros da Lei, cujo autor seria sempre Moisés. Os estudos modernos demonstraram que muitos Salmos, talvez a maioria absoluta, não são de Davi; e que também os livros sapienciais e os do Pentateuco não são de Salomão ou de Moisés, respectivamente.

em que *Deus enviou seu Filho, nascido de uma mulher, submetido a uma lei* (Gl 4,4-5), e disse: *Eis que faço novas todas as coisas* (2Cor 5,17), as coisas velhas passaram e desapareceram da mesma forma que ao surgir o novo fruto as flores caem e secam. Por isso está escrito também: *O capim seca, a flor fenece, mas a palavra do Senhor subsiste para sempre* (Is 40,8). Creio que não duvidas que o fruto é a palavra; a Palavra, porém, é Cristo.

4. Portanto, Cristo é o fruto bom que permanece para sempre. Mas onde está o capim que secou? Onde está a flor que caiu? Que responda o Profeta. *Toda a carne é capim e toda a sua glória é como a flor do campo* (Is 40,6). Portanto, se toda a carne é capim, o povo carnal dos judeus foi capim. Não secou, por acaso, o capim, quando aquele povo, vazio de toda a riqueza espiritual, aderiu à seca letra [da lei]? E não caiu também a flor, quando desapareceu a glória que tinham na lei? Se a flor não caiu, onde está o reino, onde o sacerdócio, onde os profetas, onde o templo, onde, enfim, as maravilhas das quais costumavam gloriar-se ao dizer: *O que ouvimos e compreendemos, e o que nossos pais nos contaram* (Sl 77,3), e ainda: *Mandou a nossos pais que o ensinassem aos filhos* (Sl 77,5)? Isto é o que se deve dizer das palavras: *A uma cidade da Galileia, chamada Nazaré.*

5. Portanto, o Anjo Gabriel foi enviado por Deus para aquela cidade. A quem? *A uma virgem desposada com um varão, chamado José.* Quem é essa Virgem, tão venerável que é saudada por um anjo e tão modesta que está desposada com um carpinteiro? Bela

união da virgindade com a humildade: como agrada a Deus a alma na qual a humildade engrandece a virgindade e a virgindade adorna a humildade! Quanta veneração pensas que mereça aquela cuja humildade é engrandecida pela fecundidade e cuja virgindade é consagrada pela maternidade? Vês que a proclamam virgem, que a proclamam humilde: se não podes imitar a virgindade da humilde, imita, então, a humildade da virgem.

A virgindade é uma virtude louvável; mas a humildade é mais necessária. A primeira é aconselhada, a segunda é prescrita; à primeira és convidado, à segunda és obrigado; da virgindade se diz: *Quem pode compreender, compreenda* (Mt 19,12); da humildade, porém: *Se não vos tornardes como meninos, não entrareis no reino dos céus* (Mt 18,3). Portanto, aquela é recompensada, esta é exigida. Enfim, sem a virgindade podes te salvar, mas não sem a humildade. Direi até que pode agradar [a Deus] a humildade que chora a virgindade perdida; mas ouso afirmar que sem a humildade nem a virgindade de Maria teria agradado [a Deus]. Ele diz: *Para quem olharei eu, senão para o humilde e o fraco?* (Is 66,2). Para o humilde, disse ele, não para o virgem.

Portanto, se Maria não fosse humilde, o Espírito Santo não teria repousado sobre ela. Se não tivesse repousado sobre ela, também não teria concebido. Afinal, como poderia conceber dele, sem ele? É evidente, pois, que, para conceber por obra do Espírito Santo, Deus, como ela mesma disse, *olhou para a humildade de sua serva* (Lc 1,48), não para a sua virgindade. [Maria] agradou [a Deus] por sua virgindade; todavia, concebeu, por sua humildade. E até, se a virgindade agradou, certamente, foi em vista da humildade[9].

6. O que dizes, virgem soberbo?[10] Maria, esquecendo a sua virgindade, gloria-se de sua humildade; tu, porém, negligenciando a humildade, te envaideces por tua virgindade? Ela diz: *Deus olhou para a humildade de sua serva.* E quem é esta serva? Uma virgem toda santa, uma virgem sóbria, uma virgem devota. Por acaso pensas ser mais casto do que ela? Mais devoto? Ou talvez pensas que a tua pureza seja mais agradável do que a castidade de Maria, a ponto de poderes agradar a Deus por tua virgindade sem humildade, quando ela não o conseguiu com a sua virgindade sem a humildade? Aliás, quanto mais digno de honra fores pelo singular dom da castidade, tanto mais dano causas a ti mesmo (cf. Pr 9,7), manchando sua beleza em ti com a

---

9. Baseado em princípios evangélicos, Bernardo se faz intérprete da secular tradição monástica que pregava a opção pela virgindade e a obrigatoriedade da humildade. São Bento, na sua Regra, dedica todo o Capítulo VII aos graus da humildade, e o próprio São Bernardo tem um opúsculo *Sobre os graus da humildade e da soberba.* Evidentemente, seguindo o pensamento cristão, ele não quer contrapor as várias virtudes, pois sabe que todas elas se entrelaçam, uma exigindo a outra.

10. Estes *Sermões,* provavelmente, nunca foram pronunciados na forma em que estão redigidos. Isso não significa que Bernardo não tenha desenvolvido essas ideias na formação que dava a seus irmãos, ou mesmo nas suas liturgias. De qualquer forma, destinavam-se, sobretudo, aos seus monges, que professavam o celibato e, portanto, uma vida casta. Entre eles poderia haver algum "virgem soberbo", ao qual o Santo dirige a sua advertência e admoestação, que pode ser aplicada a qualquer cristão.

soberba. Ademais, melhor seria não seres virgem, do que te envaideceres por causa da virgindade.

Certamente, nem todos possuem a virgindade. Menos ainda são os que com a virgindade possuem a humildade. Portanto, se não podes mais que admirar a virgindade de Maria, procura, então, imitar a sua humildade, que isso te será suficiente. Mas se fores virgem e também humilde, quem quer que sejas, és grande.

7. Mas em Maria existe algo ainda maior que se deve admirar: a fecundidade unida à virgindade. De fato, jamais se ouviu dizer que uma mulher fosse, ao mesmo tempo, mãe e virgem. E se refletires também de quem ela é mãe, a que ponto chegará a tua admiração por sua maravilhosa grandeza? Não chegará ao ponto que te pareça seres incapaz de admirá-la suficientemente? Talvez, não só a teu juízo, mas a juízo da própria Verdade será exaltada acima dos coros dos anjos aquela que teve como filho o próprio Deus. Com efeito, não ousa Maria chamar de seu filho aquele que é Deus e Senhor dos anjos, quando diz: *Filho, por que procedeste assim conosco* (Lc 2,48)? Que anjo ousaria falar assim? A eles basta, e já consideram isso um grande privilégio, o fato de, sendo espíritos por natureza, por graça se tornarem e serem chamados de anjos, como testemunha Davi ao dizer: *Ele faz dos espíritos seus mensageiros* (Sl 103,4).

Maria, porém, reconhecendo-se mãe, com confiança chama de seu filho a majestade que os anjos servem com reverência. Nem Deus se indignou ser considerado aquilo que se dignou ser. De fato, pouco depois, o

Evangelista acrescenta: *E era-lhes submisso* (Lc 2,51). Quem? A quem?

Deus aos homens. Deus, repito, a quem estão sujeitos os anjos, a quem obedecem os principados e as potestades, era submisso a Maria; e não só a Maria, mas também a José, por causa de Maria. Admira, pois, as duas coisas e vê qual delas merece maior admiração: se a benigníssima condescendência do Filho ou a sublime dignidade da Mãe. De uma e de outra nasce o espanto, o milagre: tanto da humildade sem par de um Deus que obedece à mulher, quanto da sublimidade única de uma mulher que manda sobre Deus. Nos louvores às virgens se canta o privilégio que elas *seguem o Cordeiro para onde quer que ele vá* (Ap 14,4). Ora, de que louvores pensas que seja digna aquela que também vai à sua frente?

8. Ó homem, aprende a obedecer; terra, aprende a submeter-te; pó, aprende a concordar. Falando do teu Autor, o Evangelista diz: *E era-lhes submisso*. A Maria e a José, evidentemente. Enrubesce, cinza orgulhosa! Deus se humilha e tu te exaltas? Deus se submete aos homens e tu, pela vontade de dominar sobre eles, te antepões ao teu Criador? Queira Deus que, quando me entrego a tais pensamentos, ele se digne responder-me com a repreensão que fez ao Apóstolo: *Afasta-te de mim, Satanás, porque não tens a sabedoria das coisas de Deus* (Mt 16,23). Pois todas as vezes que desejo dominar sobre os homens, luto para estar acima de meu Deus, e então, realmente, não tenho a sabedoria das coisas de Deus.

Pois dele se disse: *E era-lhes submisso*. Ó homem, se te recusas a imitar o exemplo de um homem, certamente não será indigno de ti seguir o teu Criador. E se, por acaso, não puderes segui-lo aonde quer que ele vá, segue-o, ao menos, naquilo que o assemelha a ti. Quer dizer, se não podes caminhar pela sublime senda da virgindade, segue a Deus pela seguríssima estrada da humildade, pois também as virgens, se se desviassem deste reto caminho, para dizer a verdade, nem mesmo elas poderiam *seguir o Cordeiro aonde quer que ele vá* (Ap 14,4). Por certo, tanto o humilde impuro quanto o virgem soberbo seguem o Cordeiro, mas nenhum dos dois o segue aonde quer que ele vá. Porque nem o primeiro pode chegar ao candor do Cordeiro, que é sem mancha, nem o segundo se digna descer até a mansidão daquele que permaneceu em silêncio não só diante de quem o tosquiava, mas até diante de quem o matava (cf. Is 53,7). Todavia, segue-o com maior segurança o pecador pela estrada da humildade do que o soberbo pela estrada da virgindade, porque o desagravo humilde apaga a impureza de um, mas a soberba corrompe a pureza do outro.

9. Contudo, feliz é Maria, a quem não faltou a humildade nem a virgindade. E até, uma virgindade única, que a fecundidade não profanou, mas honrou; e, ao mesmo tempo, uma humildade especial, que a virgindade fecunda não diminuiu, mas aumentou; uma fecundidade incomparável, acompanhada ao mesmo tempo da virgindade e da humildade. Qual delas não é admirável? Qual não é incomparável? Qual não é singular? Realmente, de admirar seria se não hesitasses ao refletir

qual delas mais merece a tua admiração: será mais estupenda a fecundidade numa virgem ou a integridade numa mãe, a sublimidade da prole ou a humildade com tanta sublimidade? A não ser que indubitavelmente se deva dar preferência ao conjunto de todas elas e não a uma só: sem comparação, a escolha mais excelente e mais feliz é optar por todas e não por uma apenas.

E por que se surpreender se Deus, que lemos e vemos admirável nos seus santos (cf. Sl 67,36), se manifestou mais admirável na sua Mãe? Venerai, pois, ó esposos, a integridade da carne na carne corruptível; admirai também vós, sagradas virgens, a fecundidade na virgem; imitai, homens todos, a humildade da Mãe de Deus. Honrai, santos anjos, a Mãe do vosso Rei, vós que adorais o Filho da nossa Virgem, aquele que é nosso e vosso Rei, redentor do nosso gênero humano e instaurador da vossa cidade. A ele, tão excelso entre vós e tão humilde entre nós, suba de vós e de nós o respeito à sua dignidade e a honra e a glória devidos à sua nobreza pelos séculos dos séculos. Amém.

2º Sermão

1. Certamente, ninguém há de duvidar que a Rainha das virgens[11] cantará com as outras, ou melhor, antes das outras, o cântico novo que no Reino de Deus só às virgens é dado cantar (cf. Ap 14,3-4). Penso, porém, que ela alegrará a cidade de Deus (cf. Sl 45,5) com um canto de mais doçura e elegância do que aquele que é permitido somente às virgens e que, como disse, será comum com todas as outras. Mas nenhuma delas será considerada digna de fazer soar as doces notas [desse canto] ou expressar suas melodias, porque isso, com razão, será reservado àquela que, única, pode gloriar-se do parto e do parto divino.

Diria até que ela é digna de louvor não pelo parto em si, mas por aquele que ela deu à luz. Pois Deus – afinal, foi a Deus que ela deu à luz –, que no céu glorificará a sua Mãe de forma singular, sobre a terra cuidou de provê-la com uma graça especial, para que, de forma inefável, ela concebesse permanecendo intata e desse à luz permanecendo íntegra.

---

11. A expressão "Rainha das virgens", que a piedade cristã, com a autoridade da Igreja, incorporou à Ladainha de Nossa Senhora, aparece no *Evangelho do Pseudo-Mateus*, em que se diz também que, ainda menina, Maria "foi confiada ao grupo das virgens… que dia e noite cantavam louvores a Deus no templo".

Por outro lado, era conveniente que Deus nascesse só desse modo, isto é, de uma Virgem; e era também conveniente que a Virgem não tivesse que dar à luz a não ser a Deus. Por isso, o Criador dos homens (cf. Is 17,7), devendo nascer da criatura humana para tornar-se homem, teve que escolher entre todas, ou antes, criar especialmente uma mãe que fosse digna dele e lhe agradasse. Portanto, quis que fosse virgem e imaculada aquela de quem ele nasceria imaculado para lavar as manchas de todos; quis também que fosse humilde aquela que o geraria *manso e humilde de coração* (Mt 11,29), a fim de ser para todos o necessário e eficacíssimo exemplo dessas virtudes. Portanto, [Deus] deu à Virgem a maternidade, depois de haver-lhe inspirado o voto[12] da virgindade e privilegiá-la com o mérito da humildade. De outra forma, como poderia o Anjo proclamá-la *cheia de graça* (Lc 1,28), se nela houvesse algo de menos bom, ou não proveniente da graça?

2. Portanto, para que fosse santa no corpo aquela que iria conceber e dar à luz o Santo dos santos (Dn 9,24), foi-lhe concedido o dom da virgindade; e para que o fosse também no espírito, recebeu o dom da humildade. Realmente, ornada com as pérolas das virtudes,

---

12. O "voto" de Maria certamente não foi um voto público, como hoje o fazem os religiosos. É ainda o *Evangelho do Pseudo-Mateus* a nos informar que Maria "desde a infância fez a Deus o voto de permanecer íntegra para aquele que a criou". Porque "podendo oferecer algo do agrado de Deus, no coração se propôs não conhecer homem algum". Também Ana, a mãe de Maria, "desde o início do seu matrimônio fez o voto de oferecer a Deus, no seu templo santo, o filho ou a filha que tivesse". Equivalia, pois, mais a uma promessa pessoal; o que não significa que não se levasse a sério e não se cumprisse.

luminosa pelo esplendor do espírito e do corpo, admirada no céu por sua singularidade e beleza, essa Virgem real despertou de tal forma o olhar dos cidadãos do céu que comoveu também o coração do Rei e do alto atraiu para si o celeste mensageiro.

É o que o Evangelista nos quer dizer, quando escreve que o Anjo foi enviado por Deus a uma virgem: *Por Deus a uma virgem*, isto é, do excelso à humilde, do Senhor à serva, do Criador à criatura. Quanta condescendência da parte de Deus! Quanta grandeza na Virgem! Acorrei, mães; acorrei, filhas; acorrei todas que depois de Eva e por culpa de Eva fostes dadas à luz e dais à luz na tristeza. Aproximai-vos do tálamo virginal; entrai, se puderdes, no casto aposento da vossa irmã. Eis que Deus envia um mensageiro à Virgem; eis o Anjo que fala a Maria. Aproximai o ouvido à parede, ouvi o que ele lhe anuncia: talvez ouvireis algo que vos há de consolar.

3. Alegra-te, ó pai Adão; mas sobretudo tu, ó mãe Eva, exulta! Vós fostes os pais de todos os homens, mas fostes também a sua ruína, e, o que é mais triste, mais a ruína do que os pais. Consolai-vos ambos, repito, por esta filha e por tal filha; mas de modo especial aquela que foi a primeira causa do mal e que transmitiu a vergonha a todas as mulheres. Pois está próximo o tempo em que a desonra será banida e o homem já não terá motivo de lamentar-se da mulher; afinal, ao tentar imprudentemente se desculpar, não hesitou acusá-la de forma cruel, dizendo: *A mulher que me deste por companheira, deu-me [do fruto] da árvore e eu comi* (Gn 3,12). Por isso, Eva, corra a Maria; mãe,

corra à filha! Responda a filha pela mãe, tire ela a vergonha da mãe, defenda a mãe junto ao pai, porque se o homem caiu por causa da mulher, não se levantará senão por mérito da mulher.

O que dizias, Adão? *A mulher que me deste por companheira deu-me [do fruto] da árvore e eu comi.* São maldosas essas palavras, pois, mais que apagar a tua culpa, elas a aumentam. Contudo, a Sabedoria venceu a maldade (cf. Sb 7,30), quando no inexaurível tesouro de sua piedade Deus encontrou aquela ocasião de perdoar que inutilmente te havia oferecido quando tentou interrogar-te. De fato, coloca-se uma mulher no lugar de outra mulher, uma prudente no lugar de uma insensata, uma humilde no lugar de uma soberba, uma que em vez do fruto da árvore da morte te faz saborear o fruto da árvore da vida, uma que traz a doçura de um fruto eterno e não a amargura de um alimento venenoso. Por isso, troca a palavra da iníqua acusação por uma palavra de ação de graças, e dizes: *"Senhor, a mulher que me deste por companheira, deu-me da árvore da vida, e eu comi; e minha boca tornou-se mais doce do que o mel* (Sl 118,103), *porque por ele me deste a vida"* (Sl 118,93).

Eis, então, o motivo pelo qual *o anjo foi enviado a uma virgem.* Ó Virgem admirável e digníssima de todo o louvor! Ó mulher extraordinariamente venerável, a mais admirável de todas as mulheres, que reparou o mal cometido pelos pais e devolveu a vida aos seus descendentes!

4. Diz-se: *O anjo foi enviado a uma virgem*: virgem na carne, virgem no espírito, virgem na vida prática,

virgem, enfim, como a descreve o Apóstolo, santa em corpo e em espírito (cf. 1Cor 7,34); não achada inesperadamente ou por acaso, mas escolhida desde sempre, conhecida pelo Altíssimo e por ele preparada para si, protegida pelos anjos, prenunciada pelos patriarcas e prometida pelos profetas. Consulta as Escrituras e terás a prova do que digo. Queres, por acaso, que também eu inclua aqui algum testemunho? Para trazer uns poucos, entre tantos, não te parece que Deus se referia a ela quando disse à serpente: *Porei inimizades entre ti e a mulher* (Gn 3,15)? Se ainda duvidas que se refira a Maria, ouve o que segue: *Ela te pisará a cabeça* (*Ibid.*). A quem é reservada essa vitória, senão a Maria? Sem dúvida, foi ela que esmagou a cabeça envenenada, que reduziu a nada qualquer sugestão do demônio, tanto das seduções da carne quanto da soberba do espírito.

5. Será que Salomão pensava em outra, quando dizia: *Quem achará uma mulher forte?* (Pr 31,10). Aquele sábio homem conhecia, sem dúvida, a fraqueza deste sexo, o seu corpo frágil, o seu espírito vacilante. Todavia, tendo lido o que Deus prometera e parecendo-lhe conveniente que fosse vencido por uma mulher aquele que havia vencido através de uma mulher, muito admirado dizia: *Quem achará uma mulher forte?* Como se dissesse: Se a salvação de todos nós, se a restituição da inocência e a vitória sobre o inimigo é colocada na mão de uma mulher, é absolutamente necessário que ela seja forte e idônea para tal tarefa.

Mas *quem achará uma mulher forte?* E para que não se pense que perguntava sem esperança, profetizando continua: *Seu valor excede tudo o que vem dos mais remotos confins* (Pr 31,10). Quer dizer, não é um valor desprezível, pequeno, medíocre, terreno; mas do céu; nem de um céu próximo à terra é o valor dessa mulher forte, mas [um valor] que vem do mais alto dos céus.

Enfim, aquela sarça, vista antigamente por Moisés, que ardia sem se queimar (cf. Ex 3,2), o que prenunciava senão Maria que daria à luz sem sentir dor? E mais, a vara de Aarão (cf. Nm 17,23), que floriu sem ter sido regada, não é figura de Maria, que concebeu sem que tenha conhecido varão? Isaías esclarece o grande mistério deste milagre ao dizer: *Sairá um rebento do tronco de Jessé, e uma flor brotará da sua raiz* (Is 11,1), entendendo que o rebento é a Virgem, e a flor, aquele que nasceu da Virgem.

6. Mas se aqui por flor entendemos Cristo, isso parece que está em contradição com a afirmação anterior, segundo a qual Cristo é simbolizado no fruto da vara e não na sua flor; saiba, então, que a vara de Aarão – que não só floresceu, mas cobriu-se de folhas e produziu fruto – é figura de Cristo não só na flor ou no fruto, mas também nas folhas. Saiba também que a vara de Moisés não é apresentada [como símbolo] por causa do fruto ou da flor, mas simplesmente se diz que a água tocada por ela se dividiu para deixar o povo passar (cf. Ex 14,16), ou ela fez brotar água do rochedo para os que deviam beber (cf. Ex 17,6). Não há nada de inconveniente se, por diversas razões, Cristo é apresentado com símbolos diferentes: na vara o seu poder, na flor o seu encanto, no fruto a doçura do seu sabor, nas folhas

a sua solícita proteção sempre pronta a proteger sob a sombra de suas asas os pequenos que a ele recorrem (cf. Mc 10,14), defendendo-os tanto do calor dos desejos carnais, quanto da face dos ímpios que os perseguiram. Boa e almejada sombra são as asas de Jesus, onde os que fogem encontram seguro refúgio e os cansados, agradável refrigério. *Tem piedade de mim*, Senhor Jesus, *tem piedade de mim, porque a minha alma confia em ti. Abrigo-me à sombra das tuas asas, até que passe a iniquidade* (Sl 56,2).

Nesse testemunho de Isaías, pois, a flor simboliza o Filho, e a vara, a Mãe, porque a vara floresceu sem a semente e a virgem concebeu sem o homem; o desabrochar da flor não prejudicou o vigor da vara, nem o nascimento do filho ofendeu a pureza da virgem.

7. Citemos mais algumas passagens das Escrituras que bem se adaptam à Virgem Mãe e ao Filho divino. O que significa o velo de Gedeão (cf. Jz 6,37-40) que, separado da carne sem feri-la, é colocado na eira, e ora a lã, ora a eira, são molhadas pelo orvalho, senão a carne [de Cristo] assumida da carne da Virgem, sem dano de sua virgindade? Nessa carne, como orvalho descido dos céus, infundiu-se a plenitude da divindade (cf. Cl 2,9), de forma que dessa plenitude todos nós receberemos (cf. Jo 1,16) e sem a qual, realmente, nada mais somos do que terra árida.

Parece que a esse episódio de Gedeão se adapta perfeitamente a palavra profética, onde se lê: *Descerá como a chuva sobre o velo*, pois, por aquilo que segue: *e como orvalho que goteja sobre a terra* (Sl 71,6), pode-se compreender a mesma coisa, isto é, a eira molhada pelo orvalho. De fato, aquela abundante chuva reservada à sua herança (cf. Sl 67,10), primeiro Deus a derramou serenamente e sem ruído de ação humana por sua silenciosa descida ao seio da Virgem; depois, porém, espalhou-a por toda a terra pela boca dos pregadores, e ela desceu não como orvalho sobre o velo, mas como chuva que rega a terra, desta vez com o fragor das palavras e o estrépito dos milagres. Aquelas nuvens que traziam a chuva lembraram-se que quando foram enviadas lhes foi ordenado: *O que vos digo nas trevas, dizei-o às claras; e o que é dito ao ouvido, pregai-o de cima dos telhados* (Mt 10,27). E assim fizeram, pois, *o seu som estendeu-se por toda a terra, e suas palavras até as extremidades do mundo* (Sl 18,5).

8. Ouçamos também Jeremias, que às antigas acrescenta profecias novas e, não podendo mostrar presente aquele que haveria de vir, ardentemente o desejava e com confiança o prometia. Diz: *O Senhor criou uma coisa nova sobre a terra: uma mulher envolverá um homem* (Jr 31,22). Quem é esta mulher? E quem é este homem? E se é um homem, como pode ser envolto por uma mulher? E se pode ser envolto por uma mulher, como pode ser um homem? Ou, para falar abertamente, como pode ser um homem e ao mesmo tempo estar no seio de sua mãe? Afinal, é isso que significa estar envolto por uma mulher. Nós dizemos que são homens aqueles que, tendo passado pela infância, pela meninice, pela adolescência e pela juventude, chegaram quase até a velhice. Mas quem já é grande, como pode estar envolto

por uma mulher? Se tivesse dito: "Uma mulher envolverá uma criança", ou "uma mulher envolverá um menino", nada haveria de novo ou extraordinário. Porém, como não se expressou assim, mas disse *um homem*, perguntamos em que consiste a novidade que Deus operou sobre a terra, pela qual uma mulher envolverá um homem e um homem se enclausure entre os membros desse pequeno corpo feminino. Que milagre é este? *Acaso pode o homem entrar de novo no seio da mãe e tornar a nascer*, como diz Nicodemos (Jo 3,4)?

9. Mas me volto para a conceição e o parto virginal, para descobrir se, talvez entre as muitas novidades e maravilhas que percebe quem procura atentamente, não está também esta a que se refere o Profeta. Ora, aqui descobrimos que o comprimento se torna pequeno, a largura se faz estreita, a altura se abaixa e a profundidade se aplaina. Ali, pode-se ver a luz que não ilumina, a palavra que não fala, a água que tem sede e o pão que tem fome. Observa melhor, e verás que o poder é governado, a sabedoria é instruída, a força é sustentada; enfim, verás que Deus é amamentado, mas nutre os anjos e, ao chorar, consola os miseráveis. Se prestares atenção, verás que a alegria se entristece, a confiança teme, a saúde sofre, a vida morre, a força enfraquece. Mas o que é mais admirável, descobre-se que ali a tristeza alegra, o medo encoraja, o sofrimento salva, a morte vivifica, a fraqueza fortalece. Como, então, não encontrar ali aquilo que eu procurava? Não te é fácil reconhecer entre essas coisas a mulher que envolve o homem, quando vês que em seu seio Maria envolve Jesus, o homem

de quem Deus deu testemunho (cf. At 2,22)? De fato, eu diria que Jesus foi homem não só quando foi chamado de *varão profeta, poderoso em obras e palavras* (Lc 24,19), mas também quando a Mãe aquecia ternamente no seu seio os membros delicados do Deus-menino ou o carregava no seio. Portanto, Jesus era homem ainda antes de nascer: não pela idade, mas pela sabedoria; não pelo vigor do corpo, mas do espírito; pela maturidade dos sentidos, não pela robustez dos membros.

Não teve menos sabedoria, ou melhor, Jesus não foi menor em sabedoria ao ser concebido do que depois de nascer, quando era pequeno do que quando grande. Quer escondido no seio, quer chorando no presépio, quer, maiorzinho, interrogando os doutores no templo (cf. Lc 2,46), quer na idade madura ensinando o povo, sempre esteve igualmente cheio do Espírito Santo (cf. Lc 4,1). Não existiu um momento de sua vida no qual tenha diminuído ou aumentado a plenitude que ele teve no instante da conceição no seio de sua Mãe; mas desde o princípio foi perfeito, desde o princípio, repito, esteve cheio do espírito de sabedoria e de inteligência, do espírito de conselho e de fortaleza, do espírito de ciência e de piedade e do espírito de temor de Deus (cf. Is 11,2).

10. Não te surpreenda se em outra passagem sobre ele se diz: *Jesus, porém, crescia em sabedoria, idade e graça diante de Deus e dos homens* (Lc 2,52). Pois o que aqui se diz da sabedoria e da graça, deve-se entender segundo aquilo que aparecia e não segundo aquilo que ele era na realidade, isto é, não que ele conseguisse

algo de novo que antes já não tivesse; mas parecia que algo se acrescentava quando ele queria que assim parecesse. Tu, que és homem, ao cresceres, não cresces quando e quanto queres; mas teu crescimento é regulado e tua vida é ordenada sem que o percebas. O menino Jesus, porém, que ordena a tua vida, podia dispor também da sua; por isso, quando ele queria e a quem ele queria, aparecia sábio; quando e a quem ele queria, aparecia mais sábio; quando e a quem ele queria, aparecia sapientíssimo; mesmo que em si ele fosse sempre e só sapientíssimo. Da mesma forma, tendo ele sido sempre cheio de toda a graça (cf. Jo 1,14), que ele devia ter tanto diante de Deus quanto diante dos homens, segundo a sua vontade ele a mostrava ora mais ora menos, conforme ele sabia que conviesse aos méritos ou à salvação daqueles que se aproximavam dele.

É evidente, pois, que Jesus foi sempre um homem maduro, mesmo se no corpo nem sempre o tenha demonstrado. Portanto, por que devo duvidar que fosse homem desde o seio de sua mãe se não contesto que ele tenha sido Deus ainda no seio materno? Afinal, é menos ser homem do que ser Deus.

11. Mas vejamos se Isaías, que já nos expôs o significado das flores brotadas na vara de Aarão, não explica com a maior clareza também essa profecia de Jeremias. Diz ele: *Eis que uma virgem conceberá e dará à luz um filho* (Is 7,14). Então, tens uma mulher, isto é, uma Virgem. Queres também saber quem é o homem? Diz: *E será chamado pelo nome de Emanuel* (Is 7,14), isto é,

Deus conosco. Portanto, a mulher que envolve o homem é a Virgem que concebe a Deus.

Observa como bela e harmoniosamente concordam entre si os fatos extraordinários e as expressões místicas dos santos. Vê quanto é estupendo este singular prodígio acontecido por meio da Virgem e na Virgem; prodígio precedido por tantos milagres e prometido por tantas profecias. Na verdade, o espírito dos profetas foi um só: diferentes, mas no mesmo espírito, previram e predisseram a mesma coisa, embora com maneiras, sinais e tempos diversos. Aquilo que a Moisés foi mostrado na sarça ardente, a Aarão na vara e na flor, a Gedeão no velo e no orvalho, Salomão o previu na mulher forte e no seu valor, mais claramente o profetizou Jeremias falando da mulher e do homem, com total clareza Isaías o declarou da Virgem e de Deus e, enfim, Gabriel o mostrou saudando a própria Virgem. Realmente, ela é a mulher da qual escreve o Evangelista: *O Anjo Gabriel foi enviado por Deus a uma virgem, desposada com José.*

12. Diz: *A uma virgem desposada*. Por que desposada? Sendo, como falei, uma virgem escolhida e, como se mostrou, uma virgem que haveria de conceber e uma virgem que haveria de dar à luz, é estranho que seja desposada, e não que haveria de desposar. Por um acaso, dirá alguém? Não se trata de um acaso quando o fato tem uma causa razoável, uma causa muito útil e necessária e digna de ser encontrada pelo projeto divino. Direi a minha opinião, ou melhor, aquilo que antes de mim pensaram os Padres[13].

---

13. *Padres*, *Santos Padres* ou *Padres da Igreja*: são os escritores da Igreja

Os esponsais de Maria, certamente, têm o mesmo motivo que a dúvida de Tomé (cf. Jo 20,25). Entre os judeus existia o costume de, desde o dia do noivado até o dia das núpcias, as esposas serem confiadas à guarda dos esposos, para que tanto melhor fosse conservada a sua castidade quanto mais fiéis eram entre si. Ora, assim como Tomé, com sua dúvida e depois com seu toque (cf. Jo 20,27), tornou-se a mais firme testemunha da ressurreição do Senhor, da mesma forma José, casando-se com Maria e dando especial testemunho do seu comportamento durante o tempo em que ela esteve sob sua guarda, foi a testemunha mais fiel de sua castidade. Esplêndida conveniência de ambos os fatos: tanto da dúvida de Tomé quanto do noivado de Maria.

É verdade que facilmente poderíamos ser induzidos a erro e suspeitar da verdade tanto da fé de um quanto da castidade da outra. Mas por suma bondade

---

Católica considerados intérpretes autorizados da tradição cristã. Normalmente, aceitam-se as seguintes condições para que um autor seja qualificado de *Padre*: antiguidade, santidade de vida (que não significa "canonização"), ortodoxia de doutrina e aprovação da Igreja. A primeira condição limita o período dos *Padres* a Santo Isidoro de Sevilha (†636), no Ocidente, e a São João Damasceno (†749), no Oriente. Quanto à ortodoxia, também alguns que contribuíram muito para a explicação da fé, embora tenham alguma doutrina menos correta, estão entre os *Padres*, como Orígenes e Tertuliano. Além dos dois citados, os principais *Santos Padres* são: Ambrósio, Atanásio, Agostinho, Basílio Magno, Clemente de Alexandria, Cipriano, Efrém, Cirilo de Alexandria, Gregório de Nissa, Gregório Nazianzeno, Irineu, Gregório Magno, Hilário de Poitiers, João Cassiano, João Crisóstomo, Jerônimo. O título de *Padre da Igreja* é diferente do título de *Doutor da Igreja*, concedido a teólogos ou autores espirituais cujo ensinamento é reconhecido como eminente.

e prudência [divina], aconteceu que, ao contrário, exatamente de onde se temia a suspeita tenha brotado a firme certeza. De fato, fraco como sou, eu acreditaria mais na ressurreição do Filho por mérito de Tomé que duvidou e tocou, do que por mérito de Pedro que havia ouvido e crido; da mesma forma, aceitaria mais facilmente a continência da Mãe pelo testemunho do esposo que a guardava e a conhecia, do que somente pela declaração que a própria Virgem, defendendo-se, desse de si mesma.

Afinal dizes-me: vendo-a não desposada e grávida, quem não a julgaria antes uma meretriz do que uma virgem? Ora, não era conveniente que se dissesse isso da Mãe do Senhor. Por um certo tempo, era muito mais aceitável e honesto pensar que Cristo tivesse nascido de um matrimônio e não de uma fornicação.

13. Dirás: "Não poderia Deus dar algum sinal claro pelo qual não se difamasse o seu nascimento nem se incriminasse a sua Mãe?"

Poderia, certamente. Mas não poderia ficar desconhecido dos demônios o que os homens sabiam. Por algum tempo, era conveniente não revelar ao príncipe deste mundo (cf. Jo 12,31s.) o mistério do projeto divino; não porque Deus, se quisesse realizar sua obra abertamente, temesse ser impedido por ele; mas porque Deus, que tudo fez não só com poder, mas também com sabedoria, como em todas as suas obras sempre costumou respeitar a conveniência das circunstâncias e dos tempos, por causa da harmonia e da beleza, assim também nesta sua magnífica obra da nossa redenção quis mostrar não só o seu poder, mas também a sua prudência. E embora ele pudesse realizar seu desígnio de outra forma, preferiu reconciliar o homem a si (cf. 2Cor 5,18) na forma e na ordem em que havia caído; de forma que, como o diabo primeiramente seduziu a mulher (cf. 2Cor 11,3) e depois, através dela, venceu também o homem, assim ele fosse primeiro seduzido por uma mulher virgem e, depois, abertamente vencido por um homem, Cristo. Dessa maneira, enquanto a bondade divina desmascarava a malícia da fraude e o poder de Cristo dobrava a força do maligno, Deus se manifestaria mais forte e mais prudente que o demônio.

Assim, pois, convinha que a Sabedoria encarnada vencesse a malícia do demônio (cf. Sb 7,30) e não só se estendesse fortemente de uma extremidade à outra do mundo, mas também tudo governasse com bondade (cf. Sb 8,1). A Sabedoria encarnada se estende com poder de uma extremidade à outra, isto é, do céu ao inferno. Diz: *Se subo ao céu, tu lá estás; se desço ao inferno, nele te encontras* (Sl 138,8).

Na verdade, em ambos os casos [a Sabedoria] mostrou-se forte: quer quando expulsou do céu o soberbo, quer quando despojou o avarento no inferno. Era, portanto, conveniente que [Deus] dispusesse com suavidade todas as coisas, tanto as do céu, quanto as da terra: no céu, expulsando o rebelde para dar paz aos demais; na terra, vencendo o invejoso para dar-nos o necessário exemplo de sua humildade e mansidão. Assim, em admirável medida, a Sabedoria se mostrou suave com os seus e forte com os inimigos. Afinal, que proveito teríamos da vitória de Deus sobre o diabo, se continuássemos na nossa soberba?

Era, pois, necessário que Maria estivesse desposada com José. Com isso, o santo era escondido aos cães (cf. Mt 7,6), a virgindade era comprovada pelo esposo e era poupada tanto a castidade quanto a fama da Virgem. O que é mais sábio e mais digno do que a Providência divina? Com um só ato é admitida uma testemunha dos segredos celestes, é excluído o inimigo e é conservada íntegra a fama da Virgem Mãe. De outro modo, quando o justo teria podido perdoar a adúltera? Pois, está escrito: *Mas José, seu esposo, sendo justo, e não querendo difamá-la, resolveu abandoná-la secretamente* (Mt 1,19). Muito bem dito: sendo justo, não quis difamá-la. Porque assim como de forma alguma seria justo se aceitasse uma culpada reconhecida, da mesma forma não seria justo se condenasse uma inocente comprovada. Por isso, sendo justo e não querendo expô-la à condenação, resolveu abandoná-la.

14. Por que resolveu abandoná-la? Aceita, sobre isso, não a minha, mas a resposta dos Padres. O motivo pelo qual José queria abandoná-la é o mesmo pelo qual Pedro queria afastar de si o Senhor, quando disse: *Senhor, afasta-te de mim que sou homem pecador* (Lc 5,8); é o motivo por que também o Centurião pedia que Jesus não entrasse em sua casa, ao dizer: *Senhor, eu não sou digno de que entres sob meu teto* (Mt 8,8).

Assim, portanto, também José, julgando-se indigno e pecador, pensava não poder levar vida comum com uma mulher em quem, com profundo temor, reconhecia uma admirável dignidade. Ele sabia e tremia diante do certíssimo sinal da presença divina em seu seio; e porque não conseguia penetrar o mistério, queria abandoná-la. Pedro teve medo da grandeza do poder, o Centurião espantou-se com a majestade da presença. Como homem, também José teve medo da novidade de tão grande milagre e da profundidade do mistério. Por isso, resolveu abandoná-la secretamente.

Ainda te admiras que José se julgasse indigno de conviver com a Virgem grávida, se ouvires que também Santa Isabel não podia permanecer na sua presença a não ser com reverente tremor? Com efeito, disse: *Donde me vem a honra de vir a mim a mãe de meu Senhor?* (Lc 1,43). Eis por que *José decidiu abandoná-la*.

Mas por que *secretamente*, e não abertamente? Para que não se procurasse a causa do repúdio, não se exigisse o motivo. Afinal, que resposta deveria dar o homem justo a um povo de cerviz dura (cf. Ex 32,9; 33,3 etc.), a um povo incrédulo e rebelde (cf. Rm 10,21)? Se ele dissesse o que sentia, as provas que tivera de sua pureza, será que os incrédulos e cruéis judeus não teriam logo zombado dele e apedrejado a ela? Pois, quando teriam acreditado na Verdade silenciosa no seio [de Maria], se mais tarde não aceitaram a [Verdade] que ressoava no templo (cf. Jo 7,28)? O que teriam feito a Ele que ainda não viam, aqueles que mais tarde lançaram as ímpias mãos sobre quem brilhava pelos milagres? Por isso, com razão, para não ser obrigado a mentir ou a difamar a inocente, o homem justo decidiu abandoná-la secretamente.

15. E se alguém julgar de modo diverso e objetar que José, como homem, teria duvidado, mas porque era justo, não quis morar com ela exatamente por causa da desconfiança, e sendo que era também piedoso, não quis expô-la à desonra como suspeita e, por isso, decidiu abandoná-la secretamente? Com poucas palavras respondo que também esta dúvida de José era necessária, e mereceu uma intervenção esclarecedora de Deus. Na verdade, está escrito: *Enquanto assim pensava*, isto é, de abandoná-la secretamente, *um anjo do Senhor lhe apareceu em sonho e disse: "José, filho de Davi, não tenhas receio de receber Maria, tua esposa, pois o que nela foi gerado, vem do Espírito Santo"* (Mt 1,20).

Por estas razões, pois, Maria estava desposada com José, ou melhor, como escreve o Evangelista, *com um varão, chamado José*. Chama-o de varão, não porque marido, mas porque era homem de virtude. Ou melhor, porque, conforme outro Evangelista, ele não era simplesmente um homem, mas seu esposo (cf. Mt 1,19), assim chamado porque tal era considerado. Portanto, devia ser chamado *seu esposo*, porque assim era necessário que fosse considerado. Da mesma forma mereceu também ser chamado de pai do Salvador, não porque o fosse, mas porque assim devia ser considerado, como diz o próprio Evangelista: *Ao iniciar seu ministério, Jesus tinha cerca de trinta anos e, segundo se pensava, era filho de José* (Lc 3,23). Portanto, não foi marido da mãe, nem pai do filho, embora, como explicamos, fosse necessário que, por um certo tempo, fosse chamado e reputado como tal.

16. Portanto, do título que lhe foi concedido, conclui que ele mereceu ser honrado por Deus e ser chamado e julgado pai de Deus; da própria palavra que, como sabes, significa "aumento"[14], conclui também quem e que homem foi este José. Recorda igualmente o grande Patriarca que outrora foi vendido no Egito (cf. Gn 37-50): veja que dele não só herdou o nome, mas também o seguiu na castidade e se assemelhou na inocência e na graça. Se o José de outrora, que foi vendido pela inveja dos irmãos (cf. Gn 37,8.11) e levado para o Egito (cf. Gn 37,28.36), é figura da venda de Cristo (cf. Mt 26,15-16), este José, para fugir da inveja de Herodes, levou Cristo para o Egito (cf. Mt 2,13-14). Aquele, fiel a seu senhor, não quis unir-se à senhora (cf. Gn 39,7s.); este, permanecendo puro, guardou fielmente a sua senhora, a mãe do seu Senhor, reconhecendo-a virgem. Aquele recebeu o dom de interpretar os mistérios dos sonhos (cf. Gn 40,12); a este foi concedido o conhecimento e a participação nos mistérios celestes. Aquele guardou o trigo, não para si, mas para todo o povo (cf. Gn 41,35); este recebeu o Pão vivo descido do céu, tanto para si quanto para todo o mundo (cf. Jo 6,41.51).

Não há dúvida que este José, cuja esposa é a Mãe do Salvador, é um homem bom e fiel (cf. Mt 25,21). Repito, servo fiel e prudente, que o Senhor escolheu como consolo de sua Mãe, sustento de sua carne e, na terra, o único fidelíssimo coadjutor do grande projeto de Deus.

Diz-se também que ele foi *da casa de Davi* (Lc 1,27). Verdadeiramente, este José, que é nobre de nascimento

---

[14]. Cf. S. JERÔNIMO, *Livro dos nomes*...

e mais nobre de espírito, descende da casa de Davi, de uma estirpe real. Perfeitamente filho de Davi, que não degenerou de seu pai Davi. Repito, perfeitamente filho de Davi, não tanto segundo a carne, mas pela fé, pela santidade e pela devoção; como um outro Davi, o Senhor o julgou segundo o seu coração (cf. 1Sm 13,14) e lhe confiou o mistério secretíssimo e santíssimo do seu coração; como um outro Davi, revelou-lhe as coisas escondidas e ocultas da sua sabedoria e lhe fez conhecer o mistério que nenhum príncipe deste mundo conheceu; enfim, foi-lhe dado o que muitos reis e profetas, querendo ver, não viram, e ouvir, não ouviram; e não só ver e ouvir, mas também carregar, conduzir, abraçar, beijar, nutrir e guardar.

No entanto, devemos crer que não só José, mas também Maria descendia da casa de Davi. Do contrário, se também ela não fosse da casa de Davi, não teria desposado um homem da casa de Davi. Ambos, pois, eram da casa de Davi: em Maria cumpriu-se a verdade que o Senhor jurou a Davi (cf. Sl 131,11), enquanto José era o testemunho consciente do cumprimento da promessa (cf. At 13,32).

17. O fim do versículo, porém, diz: *E o nome da virgem era Maria*. Falemos um pouco também sobre esse nome, que significa "estrela do Mar"[15] e se adapta muito bem à Virgem Mãe. De fato, com muita propriedade ela é comparada a uma estrela, porque assim como a estrela emite seu raio sem se alterar, da mesma forma, a Virgem deu à luz o Filho sem ferir a sua integridade.

---

15. Cf. S. JERÔNIMO, *Livro dos nomes*...

O raio não diminui o brilho da estrela, nem o Filho, a integridade da Virgem.

É ela a nobre estrela nascida de Jacó (cf. Nm 24,17), cujo raio ilumina todo o universo, cujo esplendor refulge nos céus, penetra os abismos e, envolvendo a terra e aquecendo mais as mentes que os corpos, alimenta as virtudes e extirpa os vícios. É ela, repito, a formosa e fúlgida estrela, necessariamente elevada sobre o grande e espaçoso mar (cf. Sl 103,25), esplendente pelos méritos e brilhante pelo exemplo.

Ó tu, que na instabilidade deste mundo sentes que és mais sacudido pelas tormentas e tempestades do que andas sobre a terra, não desvies o olhar do fulgor dessa estrela, se não quiseres ser arrastado pelos furacões! Se contra ti se insurgirem os ventos das tentações e se bateres contra as rochas das tribulações, olha para a estrela, invoca a Maria. Se és jogado pelas ondas da soberba, das ambições, da calúnia e da rivalidade, olha para a estrela, invoca a Maria. Se és atirado de cá para lá pelas ondas da soberba, das ambições, da calúnia e do orgulho, olha para a estrela, invoca a Maria. Se a ira, a avareza ou a concupiscência da carne sacudirem com violência a navezinha do teu espírito, olha para Maria. Se, perturbado pela enormidade dos pecados, confuso pela vileza da consciência e aterrorizado pelo medo do juízo, começares a ser absorvido pela voragem da tristeza e pelo abismo do desespero, pensa em Maria.

Nos perigos, nas angústias e nas incertezas, pensa em Maria, invoca a Maria. [Maria] esteja sempre na tua boca e no teu coração; e, para obter a ajuda de sua oração, não esqueças de seguir o seu exemplo. Seguindo-a, não te desvias; invocando-a, não desesperas; pensando nela, não erras. Com seu apoio não cais, sob sua proteção não temes, se ela te guia não te cansas, se te é propícia chegas ao fim; e assim experimentas em ti mesmo o que, com razão, se diz: *e o nome da virgem era Maria*.

Mas façamos uma pequena pausa, para que também nós não fixemos tanta luz só de passagem. Pois, usando as palavras do apóstolo: *É bom estarmos aqui* (Mt 17,4), é docemente agradável contemplar em silêncio o que um difícil discurso não consegue explicar.

Enquanto isso, na devota contemplação desta cintilante estrela, com mais fervor nos disporemos para as considerações que seguirão.

3º Sermão

1. Quando achar conveniente, de boa vontade me sirvo das palavras dos santos, a fim de que pela beleza dos vasos se torne mais agradável ao leitor aquilo que vou apresentar. E começarei com as palavras do Profeta: *Ai de mim!*, certamente não como o Profeta, *porque calei*, mas porque falei, *pois sou um homem de lábios impuros* (Is 6,5).

Quantas coisas inúteis, quantas falsas e quantas desonestas percebo ter vomitado da minha imundíssima boca, através da qual, agora, ouso pronunciar palavras celestiais! Tenho muito medo que de um momento para outro também a mim se diga: *Por que falas tu dos meus preceitos e tens na boca a minha aliança?* (Sl 49,16).

Oxalá, do altar celeste, também a mim seja trazida não uma simples brasa (cf. Is 6,6), mas um enorme globo de fogo, capaz de remover completamente de minha boca luxuriosa a muita e envelhecida ferrugem; e assim, com minha palavra, qualquer que seja, eu possa comentar dignamente os agradáveis e castos colóquios do Anjo com a Virgem e da Virgem com ele.

Escreve, pois, o Evangelista: *Entrando o Anjo onde ela estava*, evidentemente onde estava Maria, *disse: Deus te salve, cheia de graça; o Senhor está contigo!* (Lc 1,28). Onde estava ela para que entrasse? Creio que no santuário de um honesto aposento onde ela, talvez, a portas fechadas, rezava a seu Pai em segredo (cf. Mt 6,6).

Os anjos costumam estar perto dos que rezam e deliciar-se com aqueles que erguem as mãos puras em oração (cf. 1Tm 2,8): eles se comprazem em oferecer a Deus o sacrifício da santa oração e fazê-lo subir a ele como hóstia de suave perfume (cf. Ef 5,2). Por entrar onde ela estava e saudá-la com tanta reverência, o Anjo mostrou quão agradáveis aos olhos do Altíssimo eram as orações de Maria.

Não foi difícil ao Anjo entrar no aposento da Virgem através da porta fechada. Afinal, pela natural subtileza de sua substância, nem uma barra de ferro pode impedir ao anjo de entrar onde ele quiser. Com efeito, aos espíritos angélicos as paredes não são obstáculos, mas tudo o que é visível cede e tudo o que é corporal, por mais sólido e espesso que seja, torna-se acessível e penetrável a eles. Por isso, não se deve supor que o Anjo tenha encontrado aberta a porta do quarto da Virgem, cujo propósito era fugir da companhia dos homens e evitar a conversa com eles, para não ser perturbada no silêncio enquanto rezava nem ser tentada na castidade que se propusera. Portanto, também naquela hora a prudentíssima Virgem mantinha fechada a porta do seu quarto; mas fechada para os homens, não para os anjos. Daí que, embora o anjo tivesse podido entrar onde ela estava, nenhum homem tinha fácil acesso.

2. Portanto, *entrando o Anjo onde ela estava, disse-lhe: Deus te salve, cheia de graça, o Senhor está contigo* (Lc 1,28). Nos Atos dos Apóstolos lemos que também Estêvão era cheio de graça (cf. At 6,8) e que os apóstolos estavam cheios do Espírito Santo (cf. At 2,4); mas de

forma muito diferente de Maria. Aliás, a plenitude da divindade não habitou em Estêvão de forma corporal (cf. Cl 2,9), como em Maria, nem os apóstolos conceberam por obra do Espírito Santo, como Maria.

Disse: *Deus te salve, cheia de graça, o Senhor está contigo*. Por que admirar-se que era cheia de graça, se o Senhor estava com ela? Devemos antes maravilhar-nos que o Anjo tenha encontrado com a Virgem Aquele que o havia enviado à Virgem. Será que Deus foi mais veloz que o Anjo, para chegar à terra antes que o solícito mensageiro? Nada há que admirar, pois, estando o Rei divino no seu divã, o nardo da Virgem exalou o seu perfume (cf. Ct 1,11), a fragrância daquele aroma subiu à presença da glória de Deus e ela encontrou graça aos olhos do Senhor, enquanto os que estavam em torno clamavam: *Que é isto que sobe do deserto, entre colunas de fumaça, exalando mirra e incenso e toda a sorte de aromas* (Ct 3,6)?

E logo, saindo do seu santo lugar (cf. Is 26,21), o Rei divino exultou como um gigante que percorre o seu caminho e mesmo que sua saída estivesse nos confins do céu (cf. Sl 18,6-7), voando no seu grande desejo, chegou antes que seu mensageiro junto à Virgem que ele havia amado, que havia escolhido para si e cuja beleza desejara ardentemente (cf. Sl 44,12). Vendo-o chegar ao longe, exultante a Igreja exprime sua alegria e diz: *Eis que ele vem saltando pelos montes, transpondo as colinas* (Ct 2,8).

3. Com razão, o Rei ficou fascinado com a beleza da Virgem. De fato, ela colocara em prática aquilo

que, séculos antes, seu pai Davi havia dito: *Escuta, ó filha, vê e inclina teu ouvido; esquece o teu povo e a casa de teu pai*, e se assim fizeres, *o rei cobiçará tua beleza* (Sl 44,11-12).

Ela ouviu e viu, não como aqueles que ouvindo não escutam e vendo não entendem (cf. Mc 4,12), mas ela ouviu e acreditou, viu e compreendeu. E inclinou o seu ouvido à obediência e seu coração à disciplina, esqueceu o seu povo e a casa de seu pai, porque não se preocupou em dar filhos ao seu povo nem em deixar herdeiro à casa de seu pai. Mas para ganhar a Cristo ela considerou como esterco (cf. Fl 3,8) qualquer honra que pudesse ter do seu povo e qualquer riqueza que lhe pudesse vir da casa paterna.

E quando aceitou Cristo como seu filho não ficou desiludida nem violou o propósito de virgindade. Por isso, com justiça, é *cheia de graça* aquela que conservou a graça da virgindade e, além disso, adquiriu a glória da maternidade.

4. Disse: *Deus te salve, cheia de graça, o Senhor está contigo*. Não disse: "O Senhor está em ti", mas *o Senhor está contigo*. De fato, Deus, que por sua simples substância está de modo igual todo presente em toda a parte, pela eficácia de sua presença, porém, está nas criaturas racionais de forma diferente que nas outras, e nos bons, de modo diferente que nos maus. Ele está nas criaturas irracionais, mas de uma forma que não é conhecido por elas. Todas as criaturas racionais, certamente, podem conhecê-lo através do conhecimento, mas somente os bons podem conhecê-lo pelo amor. Portanto, somente

nos bons Deus está de tal forma que também esteja com eles pela concórdia da vontade. Pois quando eles submetem as suas vontades ao bem, de modo que a Deus não repugne querer o que eles querem, porque eles não divergem de sua vontade, espiritualmente unem Deus a si mesmos.

Ora, se isso vale para todos os santos, vale de modo especial para Maria, com a qual teve tanta união, que uniu a si não só a vontade, mas também a carne, de forma que de sua substância e daquela da Virgem foi formado um só Cristo, ou melhor, se fez um só Cristo. E embora não procedesse todo de Deus nem procedesse todo da Virgem, ele era todo de Deus e todo da Virgem: não sendo dois filhos, mas um só filho, de um e da outra.

E assim ele disse: *Deus te salve, cheia de graça, o Senhor está contigo*. E não só Deus Filho, que revestes com tua carne, mas também Deus Espírito Santo, de quem concebes, e Deus Pai, que gerou aquele que concebes. Repito, está contigo o Pai que faz teu o seu Filho. Está contigo o Filho que, para realizar em ti o admirável mistério [da encarnação], de forma maravilhosa abre para si o segredo do teu seio e te conserva intato o sinal da virgindade. Está contigo o Espírito Santo que, com o Pai e o Filho, santifica o teu seio. Portanto, *o Senhor está contigo*.

5. *Bendita és tu entre as mulheres*. A estas palavras de Isabel gosto de acrescentar também aquelas com as quais prossegue: *E bendito é o fruto do teu ventre* (Lc 1,42). O fruto do teu ventre é bendito, não porque tu és bendita; mas tu és bendita porque ele te

premuniu das bênçãos da doçura (cf. Sl 20,4). É verdadeiramente bendito o fruto do teu ventre, porque nele são abençoadas todas as nações (cf. Gn 12,3; Gl 3,8) e, com os outros, também tu recebeste de sua plenitude (cf. Jo 1,16), embora de forma diferente dos outros. E, por isso, certamente, tu és bendita, mas entre as mulheres; ele, porém, é bendito não entre os homens, nem entre os anjos, mas, como diz o Apóstolo, *sobre todas as coisas, Deus bendito por todos os séculos* (Rm 9,5). Diz-se que é bendito o homem, é bendito o pão, é bendita a mulher, é bendita a terra ou as outras criaturas que pareçam dignas de serem benditas; mas de modo especial *é bendito o fruto do teu ventre*, porque sobre todas as coisas ele é Deus bendito por todos os séculos.

6. Portanto, *bendito é o fruto do teu ventre*. Bendito por seu perfume, bendito por seu sabor, bendito por sua beleza. Sentia o perfume deste odorífero fruto aquele que dizia: *Eis que o odor do meu filho é como o odor de um campo que o Senhor abençoou* (Gn 27,27).

Ou não será bendito aquele que o Senhor abençoou? Do sabor deste fruto dizia alguém que o havia provado: *Provai e vede quão suave é o Senhor* (Sl 33,9), e em outro lugar: *Quão grande é, Senhor, a abundância da tua doçura, que guardas para os que te temem!* (Sl 30,20). E outro ainda diz: *Se é que provastes quão doce é o Senhor* (1Pd 2,3). E o próprio Fruto nos convida a si, dizendo: *Aqueles que me comem terão mais fome; e os que me bebem terão mais sede* (Eclo 24,29).

Certamente, falava assim por causa da doçura do seu sabor, que, uma vez provado, excita ainda mais o apetite. Fruto bom (cf. Mt 3,10; 7,19), alimento e bebida das almas que têm fome e sede de justiça (cf. Mt 5,6).

Falamos do perfume e do sabor; falemos agora da beleza. De fato, se o fruto da morte [no paraíso] não só era bom para comer, mas também, como afirma a Escritura, agradável aos olhos (cf. Gn 3,6), quanto mais devemos procurar o esplendor vivificante deste fruto de vida, *no qual*, como diz outra passagem da Escritura, *os próprios anjos desejam fixar seus olhares* (1Pd 1,12).

Via em espírito a sua beleza e também desejava vê-lo com os olhos do corpo aquele que dizia: *De Sião, ideal de sua beleza* (Sl 49,2). E para não pensares que estivesse louvando uma beleza comum, lembra o que lês em outro salmo: *Ultrapassas em formosura os filhos dos homens, a graça derramou-se nos teus lábios; por isso te abençoou Deus para sempre* (Sl 44,3).

7. Portanto, *bendito é o fruto do teu ventre*, abençoado por Deus desde a eternidade, pela bênção do qual também tu és bendita entre as mulheres, porque uma árvore má não pode produzir bons frutos (cf. Mt 7,18). Repito, *bendita és tu entre as mulheres*, porque fugiste à maldição geral, pela qual se diz: *Entre dores darás à luz os filhos* (Gn 3,16), e também a outra, segundo a qual em Israel é maldita a mulher estéril (cf. Ex 23,26). Mas tu foste agraciada com especial bênção, pela qual não ficarias estéril nem darias à luz entre dores. Dura necessidade e grave jugo para todas as filhas de Eva! (cf. Eclo 40,1). Se dão à luz, é na dor; se não dão à luz, são amaldiçoadas. A dor lhes proíbe dar à luz, a maldição, não dar à luz. O que farás, ó Virgem, que ouves e lês essas coisas? Se

dás à luz, hás de sofrer; se ficas estéril, serás amaldiçoada. O que escolhes, Virgem prudente?

Diz: *De todas as partes me vejo cercada de angústias* (Dn 13,22). Todavia, para mim é melhor incorrer na maldição e permanecer virgem, do que na concupiscência conceber aquele que depois, merecidamente, darei à luz na dor. No primeiro caso, vejo a maldição, mas não o pecado; no segundo, vejo o pecado e também o sofrimento. Afinal, o que é esta maldição senão a reprovação dos homens? A estéril é amaldiçoada simplesmente porque a desonra e o desprezo caem sobre ela por ser considerada inútil e improdutiva; e isso, só em Israel. A mim, porém, pouco importa se desagrado aos homens (cf. 1Cor 4,3), conquanto possa oferecer-me a Cristo como virgem pura (cf. 2Cor 11,2).

Ó Virgem prudente, ó Virgem piedosa, quem te ensinou que a Deus agrada a virgindade? Que lei, que disposição, que página do Antigo Testamento prescreve, aconselha ou exorta a viver na carne, mas não carnalmente, ou a levar na terra uma vida de anjo? Onde leste, ó Virgem Bem-aventurada, que *a aspiração da carne é a morte* (Rm 8,6) *e não vos preocupeis em satisfazer os apetites da carne* (Rm 13,14)? Onde leste sobre as virgens que *cantam um cântico novo... que ninguém mais pode cantar... que seguem o Cordeiro para onde quer que ele vá* (Ap 14,3-4)? Onde leste que são louvados aqueles que *se fizeram eunucos por amor do reino dos céus* (Mt 19,12)? Onde leste: *Embora vivendo na carne, não militamos segundo a carne* (2Cor 10,3) e que *aquele que casa a sua virgem, faz bem, e o que não a casa, faz melhor* (1Cor 7,38)? Onde ouviste: *Eu queria que todos vós fôsseis como eu* (1Cor 7,7) e *será mais feliz se permanecer assim* [sem casar de novo], *conforme o meu conselho* (1Cor 7,40)? Porque diz: *Quanto às virgens, não tenho mandamento, mas dou conselho* (1Cor 7,25).

Tu, ó Virgem, não tiveste uma ordem, ou até um conselho ou um exemplo; mas uma unção te ensinava tudo (cf. 1Jo 2,27), e a *Palavra de Deus, viva e eficaz* (Hb 4,12), que se fez teu mestre antes mesmo de ser teu filho, iluminou tua mente antes de assumir tua carne. Portanto, fazes voto de te oferecer virgem a Cristo, e não sabes que deves apresentar-te a ele também como mãe. Escolhes ser desprezada em Israel e, para agradar àquele a quem te ofereceste, não temes incorrer na maldição da esterilidade; mas eis que a maldição se transforma em bênção e a esterilidade é recompensada com a fecundidade.

8. Abre, pois, o teu seio, ó Virgem, dilata as entranhas, prepara o útero, porque o poderoso está para fazer em ti grandes coisas (cf. Lc 1,49); tanto que, em lugar da maldição de Israel, todas as gerações te proclamarão bem-aventurada (cf. Lc 1,48). Nem temas a fecundidade, Virgem prudente, porque ela não ferirá a integridade. Conceberás, mas sem pecado. Ficarás grávida, mas não sofrerás. Darás à luz, mas não com tristeza. Não conhecerás varão e gerarás um filho.

Que filho? Serás mãe daquele que tem a Deus por pai. O Filho do esplendor do Pai será a coroa do teu amor. A Sabedoria do coração do Pai será o fruto do teu seio virginal. Enfim, darás à luz a Deus e conceberás por obra de Deus. Coragem, pois, Virgem fecunda, casta parturiente, mãe intata, porque já não serás amaldiçoada em Israel nem abandonada entre as mulheres estéreis. E se em Israel ainda fores amaldiçoada segundo a carne, não porque te veem estéril, mas porque te invejam a maternidade, lembra-te que também Cristo, que nos céus te abençoou como sua mãe, carregou a maldição da cruz. Mas também na terra tu foste abençoada pelo Anjo e, com razão, és proclamada bem-aventurada por todas as gerações da terra. Portanto, *bendita és tu entre as mulheres, e bendito é o fruto do teu ventre*.

9. *Ao ouvir estas palavras, ela se perturbou e refletia no que poderia significar a saudação* (Lc 1,29).

As virgens, que são realmente virgens, costumam ser sempre temerosas e jamais tranquilas e, para evitar qualquer perigo, temem muito até o que é seguro, pois sabem que carregam um tesouro precioso em vasos frágeis (cf. 2Cor 4,7), e que é muito difícil viver entre os homens como um anjo, levar sobre a terra uma vida celeste ou manter uma vida casta permanecendo na carne.

Por isso, diante de qualquer novidade ou de qualquer coisa imprevista, suspeitam que haja alguma insídia e que algo tenha sido tramado contra elas. Eis por que também Maria *perturbou-se com as palavras do Anjo*. Perturbou-se, mas não se apavorou. Como diz o salmista: *Fiquei perturbado, e não falei. Pensei nos dias antigos, e tive na mente os anos eternos* (Sl 76,5-6). Assim também Maria ficou perturbada e não falou, mas *refletia no que poderia significar a saudação*.

Ela se perturbou por causa do pudor virginal; não se apavorou por causa da coragem; calou-se e refletiu por causa da prudência. *Refletia no que poderia significar a saudação*. A Virgem prudente sabia que com frequência o anjo de Satanás se transforma em anjo da luz (cf. 2Cor 11,14), e porque na verdade era muito humilde e simples, de modo algum esperava do Santo Anjo algo semelhante; eis por que *refletia no que poderia significar a saudação*.

10. Então o Anjo, observando com atenção a Virgem e intuindo facilmente o que ela refletia no seu interior, consola a temerosa, encoraja a hesitante e, chamando-a familiarmente pelo nome, com bondade procura persuadi-la a não temer, e diz: *Não temas, Maria, pois achaste graça diante de Deus* (Lc 1,30).

Aqui não há nenhum engano, nenhuma falsidade. Não temas nenhum ardil, nenhuma insídia. Não sou um homem, mas um espírito: o Anjo de Deus, não de Satanás. *Não temas, Maria, pois achaste graça diante de Deus*. Oh, se soubesses quanto tua humildade agrada ao Altíssimo, quanta sublimidade te é reservada diante dele, certamente não te considerarias indigna da conversa com um anjo nem do seu cumprimento! Afinal, por que deverias considerar-te indigna da graça dos anjos, *se achaste graça diante de Deus*? Achaste o que procuravas, achaste o que ninguém antes de ti conseguiu achar, *achaste graça diante de Deus*.

Que graça? A paz entre Deus e os homens, a destruição da morte, a restauração da vida. Esta é a graça que achaste diante de Deus. E este é para ti o sinal: *Eis que conceberás e darás à luz um filho e lhe porás o nome de Jesus* (Lc 1,31). Do nome do filho prometido, compreende, ó Virgem prudente, quanta e que especial graça achaste diante de Deus. *Pôr-lhe-ás o nome de Jesus*, disse. Outro Evangelista traz o motivo deste nome, que o Anjo interpreta assim: *porque ele salvará o seu povo dos seus pecados* (Mt 1,21).

11. Leio [na Sagrada Escritura] que no passado existiram outros dois Jesus, que foram figuras deste que estamos a falar; ambos chefes do povo, um libertou o povo da Babilônia, o outro introduziu-o na Terra prometida[16]. Ambos defendiam os seus súditos dos inimigos. Mas será que os salvavam também dos seus pecados? O nosso Jesus, porém, liberta o seu povo dos pecados e o introduz na terra dos viventes. *É ele que salvará o povo de seus pecados* (Mt 1,21).

Quem é este que até perdoa pecados (Lc 7,49)? Que o Senhor Jesus se digne incluir entre seu povo também a mim, pecador, para que me salve dos meus pecados! É verdadeiramente feliz o povo que tem o Senhor Jesus por seu Deus (cf. Sl 32,12), porque ele salvará o seu povo dos seus pecados. No entanto, temo que muitos dizem pertencer ao seu povo, embora ele não os considere dos seus; temo que a muitos dos que se consideram mais religiosos do que os outros, algumas vezes ele

---

16. O primeiro é Josué (ou Jesus), que, após o exílio da Babilônia, em 586-538 a.C., com Zorobabel, Neemias e outros, reconduziu para a Judeia os hebreus deportados por Nabucodonosor (cf. Esd 2,2); o segundo é Josué, filho de Nun, que, após a morte de Moisés, introduziu na Terra prometida o povo que voltava da escravidão do Egito, por volta de 1230 a.C. (cf. Js 1-6).

diga: *Este povo me honra com os lábios, mas o coração está longe de mim* (Mt 15,8; cf. Is 29,13). Pois o Senhor Jesus conhece os seus (cf. 2Tm 2,19); conhece também os que escolheu desde o princípio. Diz ele: *Por que me chamais "Senhor, Senhor" e não fazeis o que vos digo?* (Lc 6,46).

Queres saber se pertences ao seu povo, ou melhor, queres pertencer ao seu povo? Faze o que diz Jesus, e serás contado entre seu povo. Faze o que manda o Senhor Jesus no Evangelho, o que prescreve na lei e nos profetas, o que ordena por seus ministros que estão na Igreja; obedece a seus representantes, a teus superiores, não só aos bons e moderados, mas também aos de caráter difícil (cf. 1Pd 2,18); aprende do próprio Jesus que é manso e humilde de coração (cf. Mt 11,29), e farás parte do povo feliz que ele escolheu como sua herança (cf. Sl 32,12), farás parte daquele louvável povo que o Senhor abençoou, dizendo: *És obra de minhas mãos, ó Israel, és minha herança* (Is 19,25); e para que não imites o Israel carnal, ele te dá uma prova, dizendo: *Um povo que eu não conhecia me serviu; ao ouvir a minha voz, obedeceu-me* (Sl 17,45).

12. Mas ouçamos o que pensa o Anjo daquele ao qual indicara o nome antes mesmo de ser concebido. Pois, diz: *Ele será grande e será chamado Filho do Altíssimo* (Lc 1,32). Certamente, é grande quem merece ser chamado de Filho do Altíssimo. Ou não será grande aquele cuja grandeza não tem limites (cf. Sl 144,3)? E ainda: *Quem há como o Senhor nosso Deus* (Sl 112,5)?

Realmente, é grande quem é grande como o Altíssimo, porque ele próprio é o Altíssimo. E não é usurpação, se o Filho do Altíssimo se considera igual ao Altíssimo (cf. Fl 2,6). Mas, com certeza, deve-se pensar que tramasse uma fraude aquele que, criado do nada na forma de anjo, ousou comparar-se ao seu Criador, usurpando para si o que pertence ao Filho do Altíssimo, que não foi feito, mas foi gerado por Deus na forma de Deus.

Ora, o Altíssimo Pai, embora onipotente, não pôde criar um ser igual a si, nem gerar um filho que não lhe fosse igual. Por isso, fez grande o anjo, mas não tanto quanto ele próprio e, portanto, não Altíssimo. Só o Unigênito, porém, que ele não fez, mas sendo onipotente o gerou onipotente, sendo altíssimo o gerou altíssimo, sendo eterno o gerou coeterno: [Deus] considera que só este seja comparável em tudo e por tudo a si, sem fraude nem ofensa. Com razão, pois, *será grande* aquele que *será chamado Filho do Altíssimo*.

13. Mas por que ele *será grande* e não *é grande*, já que é sempre grande de modo igual, não tem nada em que crescer, nem será maior depois de sua conceição do que antes de ser concebido? Ou talvez tenha dito *será*, porque quem era um Deus grande tornar-se-ia grande homem? Então estaria certo: *Este será grande*: grande homem, grande doutor, grande profeta. Nesse sentido fala dele o Evangelho: *Um grande profeta apareceu entre nós* (Lc 7,16). Também um profeta menor predisse que haveria de vir um grande profeta: *Eis que o grande profeta virá e renovará Jerusalém*[17].

---

17. Bernardo não cita aqui um "profeta menor", mas um texto litúrgico: a 3ª Antífona das Laudes do 1º Domingo do Advento.

E tu, ó Virgem, darás à luz um menino, nutrirás um menino, amamentarás um menino; mas, vendo-o pequeno, pensa-o grande. Pois ele *será grande*, porque Deus o glorificará diante dos reis (cf. Eclo 45,3), de forma que todos os reis o adorem e todos os povos o sirvam (cf. Sl 71,11). Por isso, também a tua alma glorifique o Senhor (cf. Lc 1,46), porque *ele será grande e será chamado Filho do Altíssimo*. Ele será grande e o Todo-poderoso fará em ti grandes coisas, pois seu nome é santo (cf. Lc 1,49).

Que nome pode ser mais santo do que o nome daquele que *será chamado Filho do Altíssimo*? Também nós, pobres criaturas, glorifiquemos o grande Senhor que, para tornar-nos grandes, se fez pequeno, como diz: *um menino nasceu para nós, um filho nos foi dado* (Is 9,6).

Nasceu para nós, repito, não para si, aquele que tendo nascido desde a eternidade de maneira muito mais inefável do Pai não tinha necessidade de nascer no tempo de uma mãe. Também não nasceu para os anjos, porque, tendo-o grande, não precisavam tê-lo pequeno. Portanto, ele nasceu para nós, nos foi dado, porque só a nós era necessário.

14. E já que nasceu para nós e a nós foi dado, façamos que realmente para nós tenha nascido e a nós tenha sido dado. Usemos o que é nosso para a nossa utilidade; do Salvador consigamos a salvação. Eis que um menino foi colocado em nosso meio. Ó menino desejado pelos pequenos! Ó verdadeiramente menino, mas pela malícia e não pela sabedoria (cf. 1Cor 14,20)! Procuremos tornar-nos como esse pequeno; aprendamos

dele, que é manso e humilde de coração (cf. Mt 11,29), a fim de que o grande Deus não se tenha feito um pequeno homem por nada, não tenha morrido em vão (cf. Gl 2,21), não tenha sido crucificado inutilmente. Aprendamos sua humildade, imitemos sua mansidão, abracemos seu amor, participemos de sua paixão, purifiquemo-nos no seu sangue.

Ofereçamo-lo em reparação de nossos pecados, porque para isso ele nasceu e nos foi dado. Ofereçamo-lo aos olhos do Pai e a seus próprios olhos, porque também o Pai não poupou o seu Filho, mas o entregou por nós (cf. Rm 8,32) e porque o próprio Filho aniquilou-se a si mesmo, tomando a forma de servo (cf. Fl 2,7). Ele *entregou a sua vida à morte, foi posto no número dos malfeitores, tomou sobre si os pecados de muitos e intercedeu pelos pecadores* (Is 53,12), para que não perecessem.

Não podem perder-se aqueles pelos quais o Filho roga que não pereçam, aqueles pelos quais o Pai entregou o Filho à morte para que vivam. Por isso, esperamos também obter o perdão de ambos, pois ambos têm a mesma misericórdia na piedade, igual potência na vontade, uma só substância na divindade, na qual, junto com o Espírito Santo, vive e reina Deus, por todos os séculos dos séculos. Amém.

4º Sermão

1. Não há dúvida que os louvores que elevamos à Mãe pertencem também ao Filho e, vice-versa, quando honramos o Filho, não deixamos de glorificar a Mãe. Se, como diz Salomão, *o filho sábio é a glória do pai* (Pr 13,1), quanto mais glorioso é tornar-se a mãe da própria Sabedoria?

Mas por que tento louvar aquela que os profetas proclamam digna de louvor, de quem o Anjo dá testemunho e o Evangelista fala? Por isso, não elevo o meu louvor, porque não tenho coragem; apenas repito com devoção o que o Espírito Santo já ensinou por boca do Evangelista. De fato, [o Anjo] continua e diz: *O Senhor Deus lhe dará o trono de Davi, seu pai* (Lc 1,32). São as palavras do Anjo à Virgem sobre o Filho prometido, ao prometer que deveria possuir o reino de Davi.

Ninguém duvida que o Senhor Jesus tenha origem na estirpe de Davi. No entanto, pergunto como Deus lhe tenha dado o trono de Davi, seu pai, se ele nunca reinou em Jerusalém, nem cedeu às turbas que queriam fazê-lo rei e, diante de Pilatos, até protestou: *O meu reino não é deste mundo* (Jo 18,36).

Aliás, o que há de especial em prometer que sentará no trono de Davi, seu pai, se ele está sentado sobre os querubins e o Profeta o vê sentado sobre um trono alto e elevado (cf. Is 6,1)? Mas sabemos de uma outra

Jerusalém, distinta daquela em que reinou Davi, muito mais nobre e muito mais rica do que esta. Por isso, creio que nesta [Jerusalém] venha indicada aquela, segundo a maneira de falar muito frequente nas Escrituras, quando se nomeia a figura para indicar aquilo que ela significa.

Efetivamente, Deus lhe deu o trono de Davi, seu pai, quando o constituiu rei sobre Sião, seu monte santo (cf. Sl 2,6). E parece que aqui o Profeta tenha dito de forma mais explícita de que reino se tratava, pois não disse "em Sião", mas *sobre* Sião. Talvez a razão de dizer *sobre Sião* seja que em Sião reinou Davi; sobre Sião, no entanto, deve reinar aquele do qual foi dito a Davi: *Porei o fruto das tuas entranhas sobre a tua sede* (Sl 131,11); do qual também foi dito por outro Profeta: *Sentar-se-á sobre o trono de Davi e sobre o seu reino* (Is 9,7). Percebes que sempre se diz *sobre*? *Sobre Sião, sobre a sede, sobre o trono, sobre o reino.*

Portanto, *o Senhor Deus lhe dará o trono de Davi, seu pai*: não um trono simbólico, mas verdadeiro; não temporal, mas eterno; não terreno, mas celeste. E isso porque, como já dissemos, o trono sobre o qual Davi reinou temporariamente era a imagem do trono eterno.

2. *E reinará para sempre sobre a casa de Jacó, e o seu reino não terá fim* (Lc 1,33). Aqui também, se entendemos a casa de Jacó em sentido temporal, como poderá [Cristo] reinar para sempre, se ela não é eterna? Portanto, devemos procurar uma casa de Jacó que seja eterna, sobre a qual reinará para sempre aquele cujo reino não terá fim. Mas não será rebelde a casa de Jacó, que o renegou e de modo insensato o rejeitou diante de Pilatos,

quando este perguntava: *Hei de crucificar o vosso rei?*, e ela, gritando em coro, respondeu: *Não temos outro rei senão César* (Jo 19,15)?

Consulta, pois, o Apóstolo, e ele te ajudará a distinguir quem é judeu na aparência de quem o é manifestamente; a distinguir a circuncisão segundo o espírito daquela segundo a carne (cf. Rm 2,28-29), o Israel espiritual daquele carnal, os filhos de Abraão segundo a fé daqueles segundo a carne: *Porque nem todos os que descendem de Israel são israelitas; nem os que são da linhagem de Abraão são todos seus filhos* (Rm 9,6-7). Tira, então, a conclusão e dize: "De forma semelhante nem todos os descendentes de Jacó são considerados da casa de Jacó. E Jacó é o mesmo que Israel". Portanto, devem ser considerados da casa de Jacó somente aqueles que forem julgados perfeitos na fé de Jacó, ou melhor, aqueles que formam a casa espiritual e eterna de Jacó, na qual o Senhor Jesus reinará para sempre.

Quem de nós, interpretando o significado do nome de Jacó (cf. Gn 27,36), está disposto a expulsar o diabo do seu coração, a lutar contra os próprios vícios e concupiscências, a fim de que no seu corpo mortal não reine o pecado (cf. Rm 6,12), mas nele reine Jesus, agora com sua graça e para sempre com sua glória? Bem-aventurados aqueles nos quais Jesus *reinará para sempre*, porque eles reinarão com ele, *e seu reino não terá fim*. Ó como é glorioso o reino que reúne todos os reis num só coração para louvar e exaltar aquele que sobre todos é Rei dos reis e Senhor dos senhores (cf. 1Tm 6,15), em cuja esplêndida contemplação *os justos resplandecerão como o sol no reino de seu Pai* (Mt 13,43)!

Queira Jesus se lembrar também de mim, pecador, segundo a benevolência que usa com seu povo (cf. Sl 105,4), quando entrar no seu reino (cf. Lc 23,42)! Digne-se ele visitar-me com sua salvação (cf. Sl 105,4) no dia em que há de entregar a Deus Pai o seu reino (cf. 1Cor 15,24), conquistado com seu sangue, a fim de que eu possa contemplá-lo na felicidade dos seus escolhidos, gozá-lo na alegria do seu povo e louvá-lo também eu junto com sua herança (cf. Sl 105,5).

Enquanto isso, vem, Senhor Jesus (cf. Ap 22,20). Tira os escândalos do teu reino, que é a minha alma, para que tu, como é teu direito, reines nela. Pois vem a avareza, e exige para si um trono em mim; vem a presunção, e quer dominar-me; vem a soberba, e quer ser meu rei. A luxúria diz: *Eu reinarei* (1Rs 1,5); a ambição, a calúnia, a inveja e a ira combatem entre si dentro de mim, para que eu seja sua posse exclusiva.

Eu, porém, resisto quanto posso; não cedo enquanto sou sustentado. Protesto que Jesus é meu Senhor, a ele me submeto, pois reconheço seu direito sobre mim. Sustento que ele é meu Deus e meu Senhor, e digo: "Não tenho outro rei senão Jesus".

Vem, pois, Senhor: dispersa-os com o teu poder (cf. Sl 58,12) e reinarás em mim, porque *tu mesmo és o meu rei e o meu Deus, tu que ordenas a salvação de Jacó* (Sl 43,5).

3. *Maria disse ao Anjo: Como se fará isso, pois eu não conheço varão?* (Lc 1,34).

Portanto, primeiro permaneceu em prudente silêncio, enquanto, ainda perplexa, refletia no que poderia significar a saudação; humildemente, preferia não falar daquilo que não sabia. Mas depois, tranquilizada e após refletir bem, enquanto externamente falava o Anjo e internamente Deus a persuadia – afinal, o Senhor estava com ela, como a havia saudado o Anjo, ao dizer: *O Senhor está contigo* (Lc 1,28) –, portanto, encorajada pela fé que afasta o temor e pela alegria que tira a timidez, [Maria] *disse ao Anjo: Como se fará isso, pois eu não conheço varão?*

Ela não duvida do fato, mas procura saber a maneira e a ordem. Não pergunta se isso se fará, mas *como* se fará. Como se dissesse: "Já que o meu Senhor, testemunho de minha consciência (cf. 2Cor 1,12), sabe que sua serva fez voto de não conhecer varão, por que lei, em que ordem ele quer que isso aconteça? Se for necessário que eu quebre o voto para dar à luz a esse filho, alegrar-me-ei pelo filho e chorarei o voto; mas que se faça a sua vontade (cf. Mt 6,10). Porém, se eu conceber e der à luz permanecendo virgem, o que, se ele quiser, não será impossível, então sei que ele realmente *olhou para a humildade de sua serva* (Lc 1,48)".

Portanto, *como se fará isso, pois eu não conheço varão? Respondendo o Anjo, disse-lhe: O Espírito Santo descerá sobre ti e o poder do Altíssimo te cobrirá com a sua sombra* (Lc 1,34-35). Acima foi dito que ela era *cheia de graça*. Por que agora se diz: *O Espírito Santo descerá sobre ti e o poder do Altíssimo te cobrirá com a sua sombra?* Podia ela estar cheia de graça e ainda não ter o Espírito

Santo, que é o doador das graças? E se o Espírito Santo já estava nela, por que agora lhe é prometido que descerá sobre ela outra vez? Ou, talvez, não disse simplesmente "descerá em ti", mas *virá sobre ti*, para dizer que, antes, o Espírito Santo estava nela com muitas graças, e agora anuncia que descerá sobre, por causa da plenitude mais abundante da graça que irá derramar sobre ela? Mas se ela já era cheia de graça, como poderia receber mais ainda? E se podia receber mais, como se deve entender que antes já estivesse cheia de graça? Ou será que antes a graça enchera apenas o seu espírito; depois, porém, teve que encher também o seu seio; ou seja, a plenitude da Divindade (cf. Cl 2,9), que antes habitava nela de forma espiritual, como em mente, o que não aconteceu com nenhum santo?

4. Disse, pois: *O Espírito Santo descerá sobre ti e o poder do Altíssimo te cobrirá com a sua sombra.* O que significa: *e o poder do Altíssimo te cobrirá com a sua sombra*? *Quem pode compreender, compreenda* (Mt 19,12). Afinal, excetuada talvez somente aquela que com grande felicidade mereceu experimentá-lo em si, quem pode compreender e intuir com a razão como o esplendor inacessível tenha penetrado nas suas entranhas virginais e, para que ela pudesse suportar que se aproximasse o que é inacessível, tenha vivificado uma mínima parte do seu corpo, cobrindo com sua sombra todo o resto?

Talvez, exatamente por isso foi dito *te cobrirá com a sua sombra*, porque realmente se tratava do mistério pelo qual a Trindade quis agir só, na e com a Virgem somente, a quem somente foi dado saber o que só a ela foi dado experimentar. Portanto, é justo que se diga: *O Espírito Santo descerá sobre ti*, porque exatamente ele te fecundará com seu poder, *e o poder do Altíssimo te cobrirá*, isto é, a maneira especial pela qual, por obra do Espírito Santo, conceberás a Cristo, poder de Deus e sabedoria de Deus (cf. 1Cor 1,24), ficará coberta como na sombra de seu secretíssimo desígnio e escondida a todos, de forma que somente ele e tu a conheçam.

É como se o Anjo respondesse à Virgem: "Por que perguntas a mim aquilo que logo mais experimentarás em ti? Sabê-lo-ás, sabê-lo-ás, e felizmente hás de sabê-lo, porque te será revelado por aquele que é seu autor. Eu fui enviado a anunciar a virginal conceição, não a criá-la. [O mistério] Só pode ser explicado por quem o realiza e só pode ser compreendido por quem o recebe. *Por isso, o Santo que há de nascer de ti será chamado Filho de Deus* (Lc 1,35)". O que significa dizer: Porque não conceberás por meio de homem, mas por obra do Espírito Santo conceberás o poder do Altíssimo, isto é, o filho de Deus.

Por isso, o Santo que há de nascer de ti será chamado Filho de Deus, ou seja: desde este momento será chamado Filho de Deus, não só aquele que vindo do seio do Pai (cf. Jo 1,18) ao teu seio *te cobriu com sua sombra*, mas também aquilo que ele há de assumir de ti; da mesma forma como desde agora deve ser considerado teu filho aquele que foi gerado pelo Pai antes de todos os séculos.

De modo que aquele que nasceu do Pai será teu, e o que há de nascer de ti será dele; no entanto, não serão dois filhos, mas um só. E embora aquele que nasceu de ti seja diferente do que nasceu do Pai, não terá cada um o seu filho, mas haverá um único filho dos dois.

5. *Por isso, o Santo que há de nascer de ti será chamado Filho de Deus.* Peço que observes com quanta reverência disse: *o Santo que há de nascer de ti.* Afinal, por que simplesmente *santo*, sem acrescentar nada? Creio que o motivo é que não teve outra maneira de qualificar de forma apropriada e digna o excepcional, o magnífico e o venerável que, da puríssima carne da Virgem, devia unir-se com sua alma ao Unigênito do Pai. Parecia-lhe que se tivesse dito "santa carne", ou "santo homem", ou "santo menino", teria dito pouco. Por isso, de forma indefinida disse *santo*, porque, como quer que seja aquele que a Virgem gerou, é, sem dúvida, santo, e da maneira mais singular, seja pela santificação do Espírito, seja pela assunção do Verbo.

6. E o Anjo acrescentou: *Eis que também Isabel, tua parenta, concebeu um filho na sua velhice* (Lc 1,36). Por que foi necessário anunciar à Virgem também a concepção por parte desta mulher estéril? Será que com um prodígio mais recente ele quis tranquilizar aquela que ainda duvidava ou não acreditava na mensagem? Absolutamente. Lemos que a incredulidade de Zacarias foi castigada por esse mesmo Anjo (cf. Lc 1,20); mas não lemos que Maria tenha sido repreendida; ao contrário, sabemos que sua fé foi louvada por Isabel, que profetizou:

Bem-aventurada és tu, que acreditaste, porque cumprir-se-ão as coisas que te foram ditas pelo Senhor (Lc 1,45).

Todavia, a concepção da estéril parenta foi anunciada à Virgem para que, ao se acrescentar um milagre a outro milagre, se aumentasse uma alegria com outra alegria. Além disso, era necessário que antecipadamente fosse inflamada de grande alegria e de imenso amor aquela que, por obra do Espírito Santo, haveria de conceber com alegria o Filho dileto do Pai. Com efeito, somente num coração repleto de piedade e de contentamento, [a Virgem] poderia receber a abundância de tanta doçura e tanto prazer.

A concepção de Isabel foi anunciada a Maria, também porque era conveniente que aquela notícia, que logo mais seria divulgada em toda a parte, fosse anunciada a Maria por um anjo e não por um homem, para que não parecesse que a Mãe de Deus desconhecia os desígnios do Filho, se ficasse sem saber o que na terra estava acontecendo tão perto.

Mais ainda: a concepção de Isabel foi revelada a Maria, para que ela, conhecendo tanto a vinda do Salvador quanto a do precursor e sabendo bem o tempo e a ordem de ambos, mais tarde pudesse expor esta verdade com ordem aos escritores e aos pregadores do Evangelho, pois, desde o princípio, ela foi plenamente instruída pelos céus sobre todos estes mistérios.

Enfim, a concepção de Isabel foi anunciada a Maria para que, sabendo que a parenta idosa estava grávida, ela, mais jovem, se dispusesse a ir ajudá-la, e assim, indo prontamente visitá-la, se desse ocasião ao pequeno profeta de prestar as primícias dos serviços ao seu Senhor, mais jovem do que ele. E assim, despertando mutuamente a devoção das mães e das crianças, de forma mais admirável, dos milagres brotasse um milagre.

7. Mas não penses que coisas tão grandes anunciadas pelo Anjo venham a ser realizadas por ele. Se perguntares quem [as realizará], ouve o que diz o mesmo anjo: *Porque a Deus nada é impossível* (*Lc* 1,37). Como se dissesse: Prometo estas coisas com tanta segurança, não por meu poder, mas pelo poder daquele que me enviou, porque a Deus nada é impossível.

De fato, como poderia haver alguma coisa impossível para aquele que tudo fez por meio da Palavra (cf. Sb 9,1)? Nas palavras do Anjo impressiona-me também que ele deliberadamente não diz: "Nenhum fato é impossível a Deus", mas *nenhuma palavra*[18]. Ou será que ele disse *palavra* porque, assim como é fácil aos homens dizer o que querem, mesmo se depois não estão absolutamente em condições de realizá-lo, da mesma forma é fácil, e até incomparavelmente mais fácil, que Deus realize aquilo que os homens só têm possibilidades de expressar com as palavras? Explico com mais clareza: se aos homens fosse tão fácil fazer quanto dizer o que querem, também para eles nenhuma palavra seria

---

18. Aquilo que em português e em quase todas as versões se traduz por *a Deus nada é impossível* vem do texto latino da *Vulgata*: *Quia non erit impossibile apud Deum omne verbum*, literalmente: porque a Deus nenhuma palavra é impossível. São Bernardo tem diante de si o texto latino da *Vulgata* e o interpreta de forma literal, jogando com os termos *Verbum*, para indicar Cristo, o Verbo, a Palavra de Deus (cf. Jo 1,1s.), e *verbum*, que não é só a palavra falada, mas também a palavra que age.

impossível. Contudo, corretamente diz o provérbio que "entre o dizer e o fazer há muita diferença". Isso, porém, vale para os homens, não para Deus (cf. Mc 10,27). Porque só para Deus fazer e dizer, dizer e querer é a mesma coisa, e por isso, com razão, para ele *nenhuma palavra é impossível*.

Por exemplo: Os profetas puderam prever e prenunciar que a Virgem ou a estéril haveria de conceber e dar à luz. Mas puderam fazer alguma coisa para que elas concebessem e dessem à luz? Deus, no entanto, que lhes deu a possibilidade de prever, com a mesma facilidade que, então, pôde predizê-lo por intermédio deles, pôde agora, quando quis, realizar aquilo que havia prometido. Realmente, para Deus a palavra não contraria a intenção, porque ele é a verdade; nem o fato difere da palavra, porque ele é o poder; nem a maneira discorda do fato, porque ele é a sabedoria. E, por isso, *a Deus nenhuma palavra é impossível*.

8. Ouviste, ó Virgem, o fato; ouviste também a maneira. Ambos admiráveis, ambos jubilosos. Exulta, ó filha de Sião, enche-te de júbilo, ó filha de Jerusalém (cf. Zc 9,9). E porque o teu ouvido percebeu o júbilo e a alegria, faze que também nós possamos ouvir de ti o anúncio alegre que desejamos, a fim de que exultem os nossos ossos humilhados (cf. Sl 50,10).

Ouviste o fato e acreditaste; acredita também na maneira que ouviste. Ouviste que conceberás e darás à luz um filho; ouviste que isso não acontecerá por obra de um homem, mas por obra do Espírito Santo. O Anjo aguarda a tua resposta; já é tempo de voltar para aquele que o enviou. Também nós, Senhora, miseravelmente esmagados por uma sentença de condenação, esperamos a tua palavra de misericórdia. Eis que te é oferecido o preço da nossa salvação: se consentires, seremos imediatamente libertados. Todos fomos criados pela sempiterna Palavra de Deus, mas caímos na morte; com uma breve resposta tua seremos recriados e novamente chamados à vida.

Ó Virgem piedosa, o pobre Adão, expulso do paraíso com sua mísera descendência, implora a tua resposta. Implora-a Abraão, implora-a Davi; e os outros santos patriarcas, teus antepassados, que também habitam na região da sombra da morte (cf. Is 9,2) suplicam esta resposta. Toda a humanidade, prostrada a teus pés, a aguarda. E não é sem razão, pois do teu consentimento depende o alívio dos infelizes, a redenção dos cativos, a libertação dos condenados, enfim, a salvação de todos os filhos de Adão, de toda a tua raça.

Responde depressa, ó Virgem. Pronuncia, ó Senhora, a palavra esperada pela terra, pelos infernos e também pelos céus. O próprio Rei e Senhor de todos, tanto quanto cobiçou a tua beleza (cf. Sl 44,12), deseja agora a tua resposta afirmativa, porque por ela decidiu salvar o mundo (cf. Jo 3,17). Agradaste a ele pelo silêncio, muito mais lhe agradarás pela palavra, porque do céu ele te chama: *"Ó formosíssima entre as mulheres* (Ct 1,7), *faz-me ouvir a tua voz"* (Ct 8,13). Pois se tu lhe fizeres ouvir a tua voz, ele te fará ver a nossa salvação (cf. Lc 2,30).

E não era isso que pedias, por que gemias, por que suspiravas orando dia e noite? E então? És tu aquela a quem isso é prometido, ou devemos esperar por outra (cf. Mt 11,3)? És tu; não outra! És tu, repito, a prometida, a esperada, a desejada, da qual o teu santo Jacó, próximo a morrer, esperava a vida eterna, quando dizia: *Esperarei a tua salvação, ó Senhor* (Gn 49,18). És tu, enfim, aquela na qual e pela qual Deus, o nosso rei, desde a eternidade, decidiu realizar a salvação da terra.

Por que esperas de outra o que é oferecido a ti? Por que pedes a uma outra aquilo que agora pode ser feito por ti, contanto que dês teu consenso, que respondas com tua palavra? Portanto, responde sem demora ao Anjo, ou melhor, ao Senhor por intermédio do Anjo. Pronuncia uma palavra e acolhe a Palavra; profere a tua palavra e concebe a Palavra de Deus; dize uma palavra passageira e abraça a Palavra eterna.

Por que demoras? Por que hesitas? Crê, confia e acolhe. Que tua humildade se encha de coragem e tua modéstia de confiança. Neste momento, de modo algum é conveniente que a virginal simplicidade esqueça a prudência. Neste caso especial, ó Virgem prudente, não temas a presunção, porque se tua modéstia no silêncio foi agradável a Deus, mais necessário é agora mostrar a piedade pela palavra. Abre, pois, ó Virgem santa, o coração à fé, os lábios à palavra, o seio ao Criador. Eis que o desejado de todas as gentes (cf. Ag 2,8) está à porta e bate (cf. Ap 3,20). Ah! se tardas e ele passa, começarás novamente a procurar com lágrimas aquele que teu coração ama (cf. Ct 3,1)! Levanta-te, corre, abre! Levanta-te pela fé, corre pela entrega a Deus, abre pelo consentimento!

9. Maria disse: *Eis aqui a serva do Senhor, faça-se em mim segundo a tua palavra* (Lc 1,38). A virtude da humildade costuma sempre ser acompanhada pela graça divina. De fato, *Deus resiste aos soberbos e dá a sua graça aos humildes* (Tg 4,6; 1Pd 5,5). Por isso, para preparar a sede da graça, [Maria] responde com humildade e diz: *eis aqui a serva do Senhor*.

Que sublime humildade é esta que não soube ceder às honras e não sabe orgulhar-se na glória? É escolhida para ser a Mãe de Deus e se proclama a serva. É certamente sinal de grande humildade não se esquecer de ser humilde quando é oferecida tamanha glória. Não é grande coisa mostrar-se humilde quando se é desprezado; ao contrário, é virtude insigne e rara ser humilde quando se é honrado.

Suponhamos que a Igreja, enganada por minhas hipocrisias e com a permissão de Deus, por causa dos meus pecados ou dos pecados dos meus súditos, promovesse a mim, miserável homenzinho, a algum posto de honra, mesmo pequeno. Será que eu esqueço logo o que na verdade sempre fui, e me julgo aquilo que me consideram os homens, que não veem o coração (cf. 1Sm 16,7)? Em vez de ouvir a consciência, creio na fama e, pensando que a honra é uma virtude e não que as virtudes são uma honra, considero-me tanto mais santo quanto mais alto me colocam.

Observa, na Igreja, quantos eram plebeus e se tornaram nobres ou pobres e se tornaram ricos e agora, esquecidos de sua original baixeza, se incham de orgulho e até se envergonham de sua origem e repudiam os pais porque são de baixa condição. Observa também quantos homens ricos buscam as honras eclesiásticas e logo se atribuem uma santidade que está só na mudança de suas vestes e não do seu espírito; julgam-se merecedores da dignidade à qual chegaram por ambição, e até, se ouso dizê-lo, atribuem aos seus méritos o que é devido ao dinheiro. Isso sem falar daqueles que a ambição cegou, pois para eles a honra é motivo de se tornarem soberbos.

10. Mas vejo, e isso me dói ainda mais, que alguns, depois de haverem desprezado as vaidades do mundo na escola da humildade, aprendem mais a soberba e, sob as asas do Mestre manso e humilde, se tornam mais insolentes e intolerantes no claustro do que eram no mundo. E o que é mais censurável ainda é que muitos, que na vida do mundo teriam, sem dúvida, passado por insignificantes, na casa do Senhor não suportam o desprezo; e porque não mereceram ter um lugar onde a maioria ambiciona as honras, querem aparecer dignos de honras onde todos as desprezam.

Vejo ainda outros, e isso não pode ser visto sem dor, que, depois de entrar na milícia de Cristo, envolvem-se novamente nos afazeres mundanos e submergem de novo nas cobiças terrenas: com grande esforço constroem muros e negligenciam os costumes; sob pretexto de utilidade comum vendem palavras aos ricos e inclinações às matronas; não dão ouvidos ao que prescrevem as leis do seu Soberano, pois cobiçam as coisas dos outros e exigem as suas até com lutas, não ouvindo o que o Apóstolo, por ordem do Rei, proclama ao som de trombeta: *Já é um grande mal que tenhais questões uns com os outros. Por que não preferis sofrer a injustiça?* (1Cor 6,7).

É assim que crucificaram o mundo para si e a si para o mundo (cf. Gl 6,14) aqueles que antes mal eram conhecidos na sua vila ou na sua cidade e agora perambulam pelas províncias e frequentam as cortes para poder entrar nas conversas dos reis e tornar-se familiares dos príncipes? Que direi, então, do próprio hábito, no qual não se busca tanto o calor quanto a cor, e se cuida mais do culto das vestes que da aquisição das virtudes? É vergonhoso dizê-lo: piores que as mulherinhas escravas da moda, tais monges procuram vestes suntuosas que não são necessárias, não respeitam a forma estabelecida na Ordem e fazem do sagrado hábito um ornamento e não a armadura dos soldados de Cristo. Deveriam preparar-se para a batalha e proteger-se contra as potências espirituais com a pobreza – muito temida pelos inimigos –; em vez disso, sem combater, entregam-se ao inimigo, mostrando, na maciez das roupas, que preferem antes o sossego. Aliás, todos esses males acontecem exatamente porque negligenciamos a humildade pela qual abandonamos o mundo; e assim, arrastados novamente pelas vãs paixões dos seculares, tornamo-nos como os cães que voltam ao vômito (cf. Pr 26,11).

11. Precisamente por sermos assim, ouçamos, então, a resposta dada por aquela que foi escolhida para ser a Mãe de Deus, mas não esqueceu a humildade: *Eis aqui a serva do Senhor, faça-se em mim segundo a tua palavra. Faça-se* indica um desejo, não expressa uma dúvida. E dizer: *Faça-se em mim segundo a tua palavra*

é mais expressão de afeto de quem deseja, do que busca de efeito de quem duvida. Embora nada impeça que se entenda o *faça-se* no sentido de oração, já que ninguém pede na oração senão o que crê e espera.

Ora, Deus quer que se lhe peça também o que ele promete. E por isso, talvez, muitas coisas que ele decidiu nos conceder, primeiro as promete, a fim de que a promessa desperte a nossa devoção. Assim, nossa oração mereceria aquilo que Deus estava por nos dar gratuitamente.

Dessa forma, o Deus piedoso, que quer que todos os homens se salvem (cf. 1Tm 2,4), sabe fazer brotar de nós os méritos que são para nós. Ele nos previne, concedendo-nos o que nos dará; ele age gratuitamente, mas de forma a não nos retribuir sem nosso mérito.

Portanto, a Virgem prudente compreendeu tudo isso quando, ao dom proveniente da promessa gratuita, acrescentou o mérito de sua oração, dizendo: *Faça-se em mim segundo a tua palavra*. Faça-se em mim segundo a tua palavra a respeito da Palavra. A Palavra que no princípio estava com Deus (cf. Jo 1,1), se faça carne da minha carne (cf. Gn 2,23) segundo a tua palavra. Peço que em mim se faça a Palavra: não aquela que, depois de falada, passa; mas a que permanece depois de concebida, porque revestida de carne e não feita de ar. Faça-se em mim não só a palavra que se ouve pelos ouvidos, mas também aquela que é visível pelos olhos, perceptível pelas mãos, que se pode levar nos braços. Não se faça em mim uma palavra escrita e muda, mas encarnada e viva, isto é, não escrita com sinais mudos e sobre peles mortas, mas vivamente impressa em forma humana nas minhas castas entranhas, não pela pintura de uma pena morta, mas por obra do Espírito Santo.

Faça-se em mim como a ninguém foi feito antes nem será feito depois de mim. Muitas vezes e de modos diversos falou Deus outrora a nossos pais pelos profetas (cf. Hb 1,1). E recordamos que alguns deles ouviram a palavra de Deus, outros a anunciaram, outros, enfim, a manifestaram nas obras de suas mãos; quanto a mim, peço que a Palavra de Deus se encarne no meu seio, segundo a tua palavra. Não quero que se faça em mim solenemente declamada, por meio de figuras ou de sonhos imaginários, mas silenciosamente inspirada, pessoalmente encarnada, corporalmente concebida. Portanto, a Palavra que, em si, não podia nem precisava ser feita, se digne fazer-se em mim, se digne também fazer a mim segundo a tua palavra. Faça-se de forma geral para todo o mundo, mas, de modo especial, *se faça em mim segundo a tua palavra*.

* * *

Expus o trecho evangélico da forma que pude. Sei que não agradará a todos; tenho certeza que muitos hão de indignar-se contra mim, acusando-me de ser supérfluo e presunçoso, por ousar expor o que os Padres, já antes de mim, expuseram de forma completa. Mas se depois dos Padres se disser algo que não é contra os Padres, creio que isso não desagrade nem a eles nem aos outros.

No entanto, se repeti o que aprendi dos Padres, não pequei por presunção, de forma a perder o fruto da devoção. Quanto à acusação de superfluidade, aceitá-la--ei pacientemente. Todavia, os que zombam de mim, dizendo que fiz um comentário ocioso e inútil, saibam que não quis explicar o Evangelho, mas do Evangelho aproveitar a ocasião de dizer do que me agradava.

Mas se pequei, despertando mais a minha própria devoção do que buscando a utilidade comum, a Virgem piedosa, a quem com muita devoção dediquei este meu pequeno trabalho, terá a força suficiente para me obter o perdão do seu misericordioso Filho.

2

Na atividade da Bem-aventurada Virgem Maria

(SBO, vol. V, p. 275-288)

Sermão

O aqueduto

1. O céu desfruta a presença da Virgem Mãe e a terra venera a sua memória: assim, lá se encontra a posse de todo o bem, aqui a lembrança; lá a saciedade, aqui a modesta libação das primícias; lá a realidade, aqui o seu nome: *Senhor, o teu nome subsistirá eternamente, e a tua memória passará de geração em geração* (Sl 134,13).

Evidentemente, de geração em geração de homens, não de anjos. Queres saber por que entre nós subsistem o nome e a memória, e no céu está a presença? Diz: *Haveis de rezar assim: Pai nosso, que estás nos céus, santificado seja o teu nome* (Mt 6,9). Oração autêntica, que nos ensina as primeiras noções da divina adoção e da peregrinação terrena, para que saibamos que, enquanto não estivermos no céu, peregrinamos longe de Deus (cf. 2Cor 5,6), gememos dentro de nós mesmos, aguardando a adoção de filhos (cf. Rm 8,23) e a presença de tão grande Pai. Eis por que, a propósito de Cristo, o profeta diz: *Sopro ante nossa face é o ungido do Senhor; à sua sombra viveremos entre as nações* (Lm 4,20). Pois entre os bem-aventurados do céu não se vive na sombra, mas no esplendor. Diz o salmo: *Entre os esplendores dos santos, antes da aurora eu te gerei nas minhas entranhas* (Sl 109,3). Correto, pois, o que diz o Pai-nosso.

2. Mas a Mãe gerou aquele mesmo esplendor, embora na sombra; a mesma com a qual a cobriu o Altíssimo (cf. Lc 1,35). Por isso, com razão, a Igreja, não a Igreja dos santos, que vive no alto e no esplendor, mas a que peregrina na terra, canta: *Sentei-me à sombra daquele a quem tanto desejara; e o seu fruto é doce ao meu paladar* (Ct 2,3).

Ela pedira que lhe indicassem a luz meridiana, na qual se encontrava o esposo; mas ficou desiludida, porque em vez da plenitude da luz recebeu a sombra, em lugar da saciedade, um pouco de prazer. Por isso não disse "sentei-me à sombra que eu desejara", mas *sentei-me à sombra daquele a quem desejara*. Realmente, ela não pedira a sombra dele, mas a ele próprio, que é a luz fulgurante, luz plena da luz plena.

E continua: *O seu fruto é doce ao meu paladar*, como se dissesse ao meu gosto.

Por que não afastas de mim o olhar, e não me deixas até que eu engula a minha saliva (Jó 7,19)? Até quando ficará irrealizada a sentença: *Provai e vede quão suave é o Senhor* (Sl 33,9)? Certamente é suave para o gosto e doce ao paladar que também por isso, com razão, a esposa prorrompa em cantos de ação de graças e de louvor.

3. Mas quando se dirá: *Comei, amigos, bebei e embriagai-vos, caríssimos* (Ct 5,1)? *Que os justos se banqueteiem*, diz o Profeta, mas na *presença de Deus* (Sl 67,4), não na sombra. E de si mesmo o Profeta diz: *Saciar-me-ei com a visão da tua glória* (Sl 16,15). Também o Senhor diz aos apóstolos: *Vós sois os que permanecestes comigo nas minhas tentações. Eis por que eu confio a vós um reino, assim como o Pai o confiou a mim, para que*

comais e bebais à minha mesa (Lc 22,28-30). Mas onde? *No meu reino.*

Na verdade, *bem-aventurado aquele que comer pão no reino de Deus* (Lc 14,15). Portanto, *santificado seja o teu nome* (Mt 6,9), por meio do qual agora *estás entre nós, Senhor* (Jr 14,9), que habitas pela fé nos nossos corações (cf. Ef 3,17), porque teu nome foi invocado sobre nós. *Venha o teu reino* (Mt 6,10). Venha, porém, o que é perfeito e seja abolido o que é imperfeito (cf. 1Cor 13,10).

Tendes por vosso fruto a santificação e por fim a vida eterna (Rm 6,22), diz o Apóstolo. Vida eterna, fonte inexaurível que rega toda a extensão do paraíso. E não só rega, mas inebria *a fonte dos jardins, o poço das águas vivas, que com ímpeto correm* (Ct 4,15), e *um rio caudaloso alegra a cidade de Deus* (Sl 45,5). Quem é esta fonte da vida senão o Cristo Senhor?

Quando aparecer Cristo, que é a vossa vida, então também vós aparecereis com ele na glória (Cl 3,4). De fato, a plenitude (cf. Cl 2,9) aniquilou-se a si mesmo (cf. Fl 2,7), a fim de fazer-se para nós justiça, santificação e redenção (cf. 1Cor 1,30) na esperança de revelar-se a vida, a glória e a suprema felicidade. Esta fonte chegou até nós, suas águas invadiram as praças e delas só não bebem os estranhos (cf. Pr 5,16-17). Aquela fonte celeste chegou até nós através do aqueduto; não prorrompendo em toda a abundância da fonte, mas infundindo gotas de graças em nossos corações ressequidos; em alguns mais, menos em outros. Evidentemente, o aqueduto está cheio, para que todos recebam de sua plenitude (cf. Jo 1,16), mas não a própria plenitude.

4. Se não me engano, já compreendestes de que aqueduto pretendo falar: o aqueduto que, recebendo do coração do Pai a plenitude da própria fonte, nos deu essa mesma fonte, senão assim como ela é, ao menos na medida em que nós a podíamos receber. Afinal, sabeis a quem foi dito: *Deus te salve, cheia de graça* (Lc 1,28). Portanto, devemos maravilhar-nos se o aqueduto é tão grande e tão cheio que seu cume toca os céus, como a escada que o Patriarca Jacó viu em sonho (cf. Gn 28,12), e até mais, se ultrapassa os céus e chega à fonte luminosíssima das águas que estão por cima do firmamento (cf. Gn 1,7)? Também Salomão se admirava e, quase sem esperar que tal criatura pudesse existir, dizia: *Quem achará uma mulher forte?* (Pr 31,10). Na verdade, precisamente porque ao gênero humano faltava o aqueduto tão desejado, do qual estamos falando, é que por tantos séculos lhe faltaram os rios da graça. Também não devemos admirar-nos que [o aqueduto] tenha sido esperado por tanto tempo, se pensarmos nos longos anos que Noé, homem justo, teve que trabalhar para construir a arca, na qual poucas pessoas, oito apenas, se salvaram (cf. Gn 7,7; 1Pd 3,20), e só por pouco tempo.

5. Mas de que forma este nosso aqueduto alcança fonte tão sublime? De que modo supões, senão pela força do desejo, pelo fervor da devoção, pela pureza da oração, conforme está escrito: *A oração do justo penetra os céus* (cf. Eclo 35,21)? E quem é justo, senão Maria, da qual nos nasceu o Sol da justiça (cf. Ml 4,2)?

E como se aproximou da majestade inacessível senão batendo, pedindo, procurando (cf. Mt 7,7)? Por fim, encontrou aquilo que procurava e a ela foi dito: *Achaste graça diante de Deus* (Lc 1,30). O quê? É cheia de graça, e ainda encontra a graça? Realmente, é digna de encontrar aquilo que procura aquela a quem não basta a plenitude, que não se satisfaz com o bem que possui, mas, como está escrito: *os que me bebem terão mais sede* (Eclo 24,29), [Maria] pede uma superabundância [de graça] para a salvação do mundo. *O Espírito Santo descerá sobre ti*, lhe diz o anjo, e o bálsamo precioso será derramado sobre ti em tal quantidade e plenitude que, abundantíssimo, se espalhará por todos os lados. Assim é: já o sentimos e nele nossas faces já se alegram (cf. Sl 103,15). E exclamamos: *O teu nome é como o óleo derramado* (Ct 1,2), *e será lembrado de geração em geração* (Sl 101,13). Esse óleo, porém, não é derramado inutilmente: o óleo se derrama, mas não se perde. Por isso, as adolescentes, ou seja, as almas simples, amam o esposo, e não pouco, e o perfume não desce apenas da cabeça até a barba (cf. Sl 132,2), mas chega a tocar a orla das vestes.

6. Observa, ó homem, o plano de Deus; compreende o plano da Sabedoria, o plano da piedade. Para regar de celeste orvalho todo o terreno, [Deus] molhou antes todo o velo (cf. Jz 6,38-40): para redimir o gênero humano, colocou todo o preço em Maria. E para quê? Talvez para que Eva fosse absolvida pela filha e, doravante, tivesse fim a queixa do homem contra a mulher. Adão, não digas mais: *A mulher, que me deste por companheira, deu-me do fruto da árvore* (Gn 3,12) proibida; dizes,

antes: "A mulher, que me deste por companheira, nutriu-me com o fruto abençoado".

Realmente, um plano amorosíssimo! Mas talvez não seja tudo; nele talvez haja ainda algo escondido. Afinal, se não me engano, isso é pouco para os vossos desejos. O leite é doce, mas se o comprimirmos com força ele expele a gordura da manteiga. Por isso, examinemos mais a fundo, para compreendermos quanto afeto quer que nutramos por Maria aquele que colocou nela a plenitude de todo o bem, a fim de sabermos que se em nós existe algum motivo de esperança, de graça ou de salvação o devemos a ela, que subiu [a Deus] para nos dispensar as delícias. Verdadeiro jardim de delícias, onde o vento divino sopra não só quando chega, mas sopra também com grande intensidade a cada nova vinda (cf. Ct 4,12-16), a fim de que manem e corram os seus aromas, isto é, os carismas das suas graças.

Tira este Sol que ilumina o mundo: o que será do dia? Tira, Maria, essa estrela do mar, mar particularmente grande e espaçoso (cf. Sl 103,25): o que há de sobrar senão espessa névoa, sombra de morte e densíssimas trevas (cf. Lc 1,79)?

7. Portanto, veneremos esta Maria com toda a força do nosso coração, dos nossos afetos e dos nossos desejos, porque esta é a vontade daquele que quis que recebêssemos tudo através de Maria. Esta é a sua vontade, repito, mas para o nosso bem. Em tudo e por tudo ele vela pelos miseráveis: ampara a nossa insegurança, desperta a nossa fé, robustece a nossa esperança, afasta a nossa desconfiança, sustenta a nossa fraqueza. Temias

aproximar-te do Pai; só de ouvi-lo, aterrorizado corrias esconder-te entre as folhas (cf. Gn 3,7-8). Deu-te Jesus como mediador. O que não obterá do Pai esse Filho? Certamente ele será ouvido *por sua reverência* (cf. Hb 5,7), porque o *Pai ama o Filho* (Jo 5,20). Ou talvez tens medo também dele? Ele é teu irmão e tua carne, em tudo tentado, exceto no pecado (cf. Hb 4,15), a fim de *ser misericordioso* (cf. Hb 2,17). Maria deu-te este irmão. Mas nele talvez temas a majestade divina, porque, embora se tenha feito homem, continua a ser Deus.

Queres ter um advogado também junto a ele? Recorre a Maria. Na verdade, em Maria existe a pura humanidade; não só é pura porque é incontaminada, mas é pura por uma especial prerrogativa da natureza. Tenha a certeza de que também ela será ouvida *por sua reverência* (Hb 5,7). Certamente o Filho ouvirá a Mãe, como o Pai ouvirá o Filho.

Meus filhinhos, esta é a escada dos pecadores, esta é a minha maior confiança, esta é toda a razão da minha esperança. Por que não? Pode o Filho rejeitar ou manter afastada [a sua Mãe]? Pode o Filho não ouvir ou não ser ouvido? De modo algum.

Diz-lhe o anjo: *Achaste graça diante de Deus* (Lc 1,30). Felizmente. Maria sempre encontrará a graça; e graça é a única coisa de que precisamos nós. A Virgem prudente não procurava a sabedoria, as riquezas, as honras ou o poder, como Salomão; mas procurava a graça. Afinal, é unicamente pela graça que somos salvos.

8. Irmãos, por que desejamos outras coisas? Procuremos a graça. Mas procuremo-la através de Maria,

pois ela obtém o que pede e jamais deixa de ser ouvida. Procuremos a graça. Mas a graça de Deus, pois a graça dos homens é enganadora (cf. Pr 31,30). Que os outros procurem a recompensa, nós nos esforçamos por encontrar a graça. Afinal, o que mais [devemos desejar]? Não é pela graça que nos encontramos aqui? Realmente, *graças à misericórdia do Senhor é que não fomos consumidos* (Lm 3,22). Quem somos nós? Somos perjuros, homicidas, adúlteros, ladrões, a imundície deste mundo (cf. 1Cor 4,13). Fazei um exame de consciência, irmãos, e vede que *onde abundou o pecado, superabundou a graça* (Rm 5,20).

Maria não pretende a recompensa; procura somente a graça. Confia tanto na graça, é tanta a sua humildade, que fica confusa com a saudação do anjo. O Evangelho diz que Maria *refletia no que poderia significar a saudação* (Lc 1,29). Sem dúvida, ela se considerava indigna da angélica saudação. Talvez até pensasse assim: "Como pode ser que um anjo do Senhor venha a mim?".

Não tenhas medo, Maria (Lc 1,30), não te admires que um anjo vem a ti. Vem também aquele que é maior do que o anjo. Não te admires se vem a ti o anjo do Senhor: também o *Senhor* do anjo *está contigo* (Lc 1,28). Aliás, por que não poderias ver um anjo, tu que já vives como um anjo? Por que um anjo não deveria visitar sua companheira de vida? Por que não deveria saudar uma concidadã dos santos e um membro da família de Deus (cf. Ef 2,19)? A virgindade é realmente uma vida angélica, e *os que não se casam nem são dados em casamento serão como os anjos de Deus* (cf. Mt 22,30).

9. Percebes que também deste modo o nosso aqueduto sobe até a fonte, penetra os céus não só com a oração (cf. Eclo 35,21), mas também com a incorruptibilidade que o aproxima de Deus, como diz o Sábio (cf. Sb 6,20)? Pois era uma virgem *santa de corpo e de espírito* (1Cor 7,34), à qual caberiam bem as palavras: *a nossa habitação está nos céus* (Fl 3,20).

Repito, *santa de corpo e de espírito*, para que não paire dúvida alguma sobre este aqueduto, que é, sem dúvida, muito sublime, e permanece incorrupto. *Um jardim fechado, uma fonte selada* (Ct 4,12), *templo de Deus, sacrário do Espírito Santo*[19]. Também não é uma virgem insensata (cf. Mt 25,3-4), porque não só tem o óleo, mas tem a plenitude do óleo escondida no vaso. *Tem no coração a ascensão* (Sl 83,6) e sobe, como já dissemos, com a palavra e a oração.

Por fim, *foi com pressa às montanhas e saudou Isabel* (Lc 1,39-40) e ali ficou a seu serviço por quase três meses (cf. Lc 1,56), para que desde já a Mãe pudesse dizer à mãe aquilo que muito tempo depois o Filho disse ao filho: *Deixa por ora, pois convém que cumpramos assim toda a justiça* (Mt 3,15). Com razão, [Maria] subiu à montanha, já que *a justiça é como as montanhas de Deus* (Sl 35,7). E esta subida da Virgem foi tríplice, porque uma corda tripla não se rompe facilmente (cf. Ecl 4,12): a caridade procurava a graça com fervor, a

---

19. Esses dois títulos de Maria são tomados da Ant. ad Bened., *Beata Dei Genetrix*, do antigo Ofício de Santa Maria in sabbato.

virgindade resplandecia na sua carne, a humildade resplandecia no serviço a Isabel. Pois se quem se humilha será exaltado (cf. Lc 14,11), o que é mais sublime do que esta humildade? Ao vê-la chegar, Isabel se admirava e dizia: *Donde me vem a honra de vir a mim a mãe de meu Senhor?* (Lc 1,43). No entanto, mais ainda admirar-se--á ao perceber que, à semelhança do Filho, ela não veio para ser servida, mas para servir (cf. Mt 20,28). Por isso, com razão o cantor divino, cheio de admiração, dizia profetizando: *Quem é esta que surge como a aurora, bela como a lua, brilhante como o sol, terrível como um exército formado para a batalha* (Ct 6,9)?

Realmente, [Maria] sobe acima do gênero humano, sobe até os anjos, e, mais, ultrapassa os anjos e toda a criatura celeste, porque é acima dos anjos que ela captará a água viva que há de derramar sobre os homens.

10. E diz: *como se fará isso, pois eu não conheço varão* (Lc 1,34)? Verdadeiramente, é *santa de corpo e de espírito*, é casta e decidida a permanecer casta. O Anjo, porém, lhe respondeu: *O Espírito Santo descerá sobre ti e o poder do Altíssimo te cobrirá com a sua sombra* (Lc 1,35). Não me peças explicações, diz ele, porque simplesmente não tenho condições de dá-las. Sei apenas que *o Espírito Santo*, não um espírito angélico, *descerá sobre ti e o poder do Altíssimo te cobrirá*, não eu. Também não ficarás entre os anjos, ó Virgem santa: a terra sedenta espera que por teu serviço lhe seja apresentado algo mais sublime para beber.

Quando ultrapassares um pouco [os anjos], encontrarás aquele a quem ama a tua alma (cf. Ct 3,4). Eu disse um pouco, não porque Deus não esteja infinitamente acima dos anjos, mas porque entre Deus e os anjos não encontrarás nada. Portanto, além das virtudes e das dominações, além dos querubins e dos serafins, e chegarás até aquele que eles proclamam: *Santo, santo, santo, é o Senhor Deus dos exércitos* (Is 6,3). *O Santo que há de nascer de ti será chamado Filho de Deus* (Lc 1,35). *A fonte da sabedoria é o Verbo do Pai nos céus* (Eclo 1,5). Por teu intermédio, esse Verbo se fará carne, para que aquele que diz: *eu estou no Pai e o Pai está em mim* (Jo 14,10), diga também: *eu saí de Deus e vim* (Jo 8,42). Porque está escrito: *No princípio era o Verbo* (Jo 1,1).

A fonte já borbulha, mas ainda só em si mesma. Afinal, *o Verbo estava com Deus* (Jo 1,1), habitando numa luz inacessível (cf. 1Tm 6,16), e desde o princípio o Senhor dizia: *Tenho pensamentos de paz e não de aflição* (Jr 29,11). Mas os teus pensamentos são ainda secretos, e não sabemos o que estás pensando. Pois, quem conheceu o pensamento do Senhor (cf. Rm 11,34) ou quem foi o seu conselheiro (cf. Is 40,13)? Por isso, os pensamentos de paz tornaram-se obra de paz: *o Verbo se fez carne* (Jo 1,14) e já habita entre nós. Ele habita plenamente pela fé em nossos corações (cf. Ef 3,17), habita na nossa memória, nos nossos pensamentos desce até à nossa fantasia. De fato, antes da Encarnação o homem não conseguia pensar em Deus senão através de uma imagem fabricada pelo próprio coração.

11. [Deus] era absolutamente incompreensível e inacessível, invisível e inimaginável. Agora, porém, ele quis se tornar compreensível, visível e imaginável.

Perguntas de que modo? Ei-lo deitado no presépio, recolhido no regaço virginal, pregando na montanha, passando a noite em oração, ou pendente da cruz, pálido na morte, livre entre os mortos e senhor nos infernos, mas também ressuscitando ao terceiro dia e mostrando aos apóstolos o lugar dos cravos como sinal de vitória e por fim subindo aos céus diante deles.

Diante de tais acontecimentos, como não meditar verdadeira, piedosa e santamente? Em qualquer desses fatos que eu pense, penso no próprio Deus, porque em todos se revela o meu Deus. Eu sempre disse que meditar tais verdades é sabedoria e que considerei um sinal de prudência trazer à lembrança a suavidade destes episódios, prefigurados nos abundantes frutos da vara sacerdotal de Aarão e que Maria, bebendo do mais alto dos céus, derramou mais abundantemente sobre nós. Do mais alto dos céus e além dos anjos, porque ela recebeu o Verbo do próprio coração do Pai, como está escrito: *Um dia transmite a palavra a outro dia* (Sl 18,3). Ora, o dia simboliza o Pai e dia do dia é a salvação de Deus (cf. Sl 95,2). E a Virgem, não é também ela um dia? E um dia magnífico! Um dia brilhante, pois ela *avança como a aurora que se levanta, formosa como a lua, brilhante como o sol* (Ct 6,9).

12. Vejamos, então, como [Maria] chega até os anjos pela plenitude da graça, e os supera com a vinda do Espírito.

Nos anjos existe a caridade, a pureza e a humildade. Qual destas [virtudes] não resplandeceu em Maria? Mas isso, da maneira que nos foi possível, já o explicamos acima. Vejamos agora a supereminência. A qual dos anjos já se disse (cf. Ap 1,5): *O Espírito Santo descerá sobre ti e o poder do Altíssimo te cobrirá com a sua sombra; por isso mesmo o Santo que há de nascer de ti será chamado Filho de Deus* (Lc 1,35)?

Portanto, *a Verdade brotou da terra* (Sl 84,12), não da criatura angélica: ela não assumiu a natureza dos anjos, mas a semente de Abraão (cf. Hb 2,16). Ser ministro do Senhor é grande coisa para o anjo; mas Maria, sendo a mãe, mereceu algo mais sublime. Portanto, a fecundidade da Virgem é uma glória eminentíssima e, pelo singular privilégio que lhe foi concedido, ela se tornou tanto mais sublime do que os anjos quanto o título de mãe é diferente do título de ministro. Aquela que já era cheia de graça, sendo fervorosa na caridade, íntegra na virgindade, piedosa na humildade, teve a graça de conceber sem a intervenção de homem e dar à luz sem a dor do parto. Mas isso é pouco, porque aquele que dela nasceu é chamado Santo e é filho de Deus.

13. De resto, irmãos, devemos fazer todo o esforço para que o Verbo, que saiu da boca do Pai e chegou até nós por intermédio da Virgem, não retorne sem produzir efeito, mas, por intercessão da mesma Virgem, produzamos graça sobre graça (cf. Jo 1,16). Renovemos a lembrança, enquanto suspiramos por sua presença e as graças retornam à origem da qual saíram para brotarem mais abundantes. Do contrário, se não tornarem à fonte, elas desaparecerão, e nós, que fomos infiéis no pouco, não mereceremos receber o muito (cf. Lc 19,17). De fato, vale pouco a lembrança, vale pouco o desejo de

sua presença; o que vale é o que mereceremos. E o que mereceremos está muito abaixo do nosso desejo, mas acima do nosso mérito. Sabiamente, portanto, a esposa se alegra muito também com o pouco. Pois havendo dito: *dizes-me onde apascentas o teu gado, onde repousas ao meio-dia* (Ct 1,6), recebendo o pouco em lugar do muito [que desejava] e em lugar da refeição do meio--dia apenas o sacrifício da tarde (cf. Sl 140,2), ela de modo algum se queixa ou se entristece, como costuma acontecer, mas rende graças e se mostra fiel em tudo. Pois sabe que, se for fiel na sombra da lembrança, sem dúvida obterá a luz da presença.

Por isso, *os que vos lembrais do Senhor, não vos caleis, e não estejais em silêncio diante dele* (Is 62,6-7). De fato, os que vivem na presença do Senhor não necessitam de exortações. Aquilo que disse outro profeta: *Louva o Senhor, Jerusalém; louva o teu Deus, ó Sião* (Sl 147,1), é antes uma felicitação que uma admoestação. Aqueles que caminham na fé devem ser admoestados a não calar e a não fazer silêncio em torno dele. Realmente, [Deus] fala e *anuncia a paz ao seu povo e aos seus santos, e àqueles que se convertem de coração* (Sl 84,9). De resto, *tu serás santo com o santo e inocente com o inocente* (Sl 17,26): o Senhor ouve quem o ouve e fala a quem lhe fala. Do contrário, ele silencia se tu te calas. Mas se te calas, onde? No louvor. *Não vos caleis*, diz, *e não estejais em silêncio diante dele até que restabeleça Jerusalém e a ponha por objeto de louvor na terra* (Is 62,6-7). O louvor de Jerusalém é um louvor belo e digno. A não ser que pensemos que, como cidadãos da

Jerusalém celeste, os anjos se divirtam e se enganem mutuamente com louvores vãos.

14. Ó Pai, *seja feita a tua vontade, assim na terra como no céu* (Mt 6,10), para que o louvor da Jerusalém se estabeleça sobre a terra. Mas o que está acontecendo? Na Jerusalém [celeste] o anjo não busca as honras de outro anjo, na terra, porém, o homem quer ser louvado por outro homem? Que abominável perversidade! Paciência para aqueles que não conhecem a Deus (cf. 1Cor 15,34), que *se esqueceram do Senhor seu Deus* (Jr 3,21). Vós, porém, *que viveis na lembrança do Senhor, não caleis* (Is 62,6) o seu louvor até que ele se estabeleça e se complete sobre a terra.

Mas existe um silêncio que não pode ser repreendido; antes, deve ser muito louvado. Como também existe um falar que não é bom. Não fosse assim, o Profeta não teria dito: *É bom que o homem espere em silêncio a salvação de Deus* (Lm 3,26). Silêncio bom é o silêncio da vanglória, da blasfêmia, da murmuração e da calúnia.

De fato, há quem vive murmurando consigo mesmo, exasperado pela grandeza do trabalho e pelo peso do dia e julga mal aqueles que velam por sua alma na consciência das contas que devem prestar (cf. Hb 13,17). É um grito que, superando qualquer silêncio, faz calar a voz da palavra [de Deus] que não pode ser ouvida por seu espírito endurecido.

Outro, por fraqueza de espírito, deixa-se tomar pelo desespero. E este péssimo falar é uma blasfêmia que não é perdoada nem neste mundo nem no vindouro (cf. Mt 12,31-32).

Um terceiro aspira a grandezas e coisas superiores às suas forças (cf. Sl 130,1), dizendo: *Foi nossa mão que venceu* (Dt 32,27), e julga ser alguma coisa, não sendo nada (cf. Gl 6,3). O que lhe dirá aquele que anuncia a paz, já que ele diz *sou rico e não tenho necessidade de nada* (Ap 3,17)? Ora, o julgamento da Verdade [= Cristo] é: *Ai de vós, ricos, porque já recebestes o consolo* (Lc 6,24); ao contrário diz: *Bem-aventurados os que choram, porque serão consolados* (Mt 5,5).

Cale-se, portanto, entre nós a língua que fala mal, a língua que blasfema e aquela que se vangloria, porque *é bom esperar* neste tríplice *silêncio a salvação do Senhor* (Lm 3,26), a fim de dizer: *Fala, Senhor, porque o teu servo escuta* (1Sm 3,10). Na verdade, aquelas palavras não se dirigem a ele, mas contra ele, como diz o legislador aos murmuradores: *Não são contra nós as vossas murmurações, mas contra o Senhor* (Ex 16,8).

15. Mas teu silêncio seja tal que não te cales por completo, para não constranger Deus ao silêncio. Fala na confissão, acusando o teu orgulho, para obter o perdão do passado. Fala agradecendo, em vez de murmurar, para receber mais graças no presente. Fala na oração, contra a desconfiança, para conseguires a glória no futuro. Repito, confessa os pecados passados, agradece os favores presentes e em seguida ora com mais fervor pelos benefícios futuros, para que também Deus não se cale no perdão, na ajuda e na promessa.

Não te cales, digo, para que Deus não deixe de falar. Fala para que também ele fale e possa dizer: *O meu amado é para mim e eu para ele* (Ct 2,16). Palavra agradável e doce expressão! Não é, certamente, uma palavra de lamento, mas uma voz de rolinha. E não digas: *Como cantaremos o cântico do Senhor em terra estranha* (Sl 136,4)? Não é estranha a terra da qual o esposo diz: *Ouviu-se na nossa terra a voz da rola* (Ct 2,12). Ele a ouvia quando dizia: *Agarrai para nós pequenas raposas* (Ct 2,15). Talvez por isso, exultante, ele exclamava e dizia: *O meu amado é para mim e eu para ele*. Como a voz da rola que, com singular pureza, permanece fiel ao seu companheiro, quer esteja vivo quer esteja morto, para que nem a morte nem a vida a separe do amor de Cristo (cf. Rm 8,38-39).

Considera, então, se alguma coisa conseguiu separar o Dileto da sua amada e como ele lhe permaneceu fiel apesar do seu pecado e da sua hostilidade. Como grossas nuvens que procuravam ofuscar os raios do Sol, as nossas iniquidades puseram uma barreira entre nós e Deus (cf. Is 59,2); mas o Sol se aqueceu e dissolveu tudo. De outra forma, quando poderias voltar a ele, se ele não tivesse ficado fiel a ti e te chamado: *Retorna, Sulamita, retorna! Retorna para podermos contemplar-te* (Ct 6,12)? Portanto, sê também tu sempre fiel a ele, para que nenhuma desgraça ou dificuldade te separe dele.

16. Luta com o anjo (cf. Gn 32,24), não desistas, porque *o reino dos céus sofre violência e os violentos são os que o conquistam* (Mt 11,12). Ou não falam de luta as palavras: *O meu amado é para mim e eu para ele* (Ct 2,16)? Ele te mostrou o seu amor; mostra-lhe também o teu. De fato, o Senhor, teu Deus, te põe à prova

em muitas coisas (cf. Dt 13,3). Com frequência ele se afasta, esconde a sua face, mas não porque esteja irado. É para te provar, não para te repreender. O teu dileto te suportou; suporta também tu o teu dileto; suporta, sê forte (cf. Sl 26,14). Os teus pecados não o venceram; que não te abatam os seus castigos e obterás a bênção.

Mas quando? Quando despontar a aurora, quando surgir o novo dia, quando na terra se restabelecer o louvor de Jerusalém (cf. Is 62,7). *E eis que um homem lutou com Jacó até pela manhã* (Gn 32,24). *Fazes-me sentir desde a manhã a tua misericórdia, porque esperei em ti*, Senhor (Sl 142,8). Não me calarei nem te darei descanso até de manhã, e espero que não seja em vão. Tu, no entanto, digna-te apascentar, mas entre os lírios. *O meu amado é para mim e eu para ele, que apascenta entre os lírios* (Ct 2,16).

Na verdade, logo acima, se bem recordas, no mesmo Cântico diz-se claramente que se ouve a voz da rola quando aparecem as flores (cf. Ct 2,12). Mas presta atenção, que aqui se trata do lugar, não do alimento: se diz onde [o Amado] se alimenta, não se diz de que se alimenta. Talvez não se alimente de comida, mas da companhia dos lírios; não se nutre de lírios, mas se move entre os lírios. E, de fato, os lírios agradam mais pelo perfume que pelo sabor e são mais agradáveis à vista que ao paladar.

17. Assim, pois, [o Amado] *se apascenta entre os lírios antes que chegue o frescor da manhã* (Ct 2,16-17) e ao esplendor das flores siga a abundância dos frutos. Agora, porém, é o tempo das flores, não dos frutos,

porque vivemos mais na esperança do que na realidade e, caminhando na fé e não na visão (cf. 2Cor 5,7), nos consolamos mais na esperança do que na experiência [dos bens eternos].

Considera, enfim, a fragilidade da flor e recorda a palavra do Apóstolo que diz: *Trazemos um tesouro em vasos de barro* (2Cor 4,7). A quantos perigos estão expostas as flores! Com que facilidade o lírio pode ser traspassado pelas pontas dos espinhos! Por isso, com razão canta o Dileto: *Como o lírio entre os espinhos é a minha amada entre as jovens* (Ct 2,2). Ou não estava entre os espinhos aquele que dizia: *Com os que odiavam a paz eu era pacífico* (Sl 119,7)?

Aliás, embora o justo floresça como o lírio (cf. Os 14,6), o esposo não se alimenta num lírio só, nem se satisfaz com a unicidade. Ouve o que diz aquele que mora entre os lírios: *Onde dois ou três estiverem reunidos em meu nome, eu estarei no meio deles* (Mt 18,20). Jesus ama sempre o meio, o Filho do homem e o mediador entre Deus e os homens reprova sempre os ângulos, as dobras. *O meu amado é para mim e eu para ele, que apascenta entre os lírios.*

Portanto, irmãos, cultivemos os lírios, extirpemos os espinhos e os abrolhos, apressemo-nos a semear os lírios para que deles possa nutrir-se o Amado, quando se dignar descer até nós.

18. Em Maria ele se alimentava, e com abundância, por causa da multidão de lírios. Ou não são lírios a glória da virgindade, o ornato da humildade e a superexcelência da caridade? Também nós teremos estes

lírios, embora de qualidade muito inferior! Mas nem entre estes o esposo deixará de se apascentar se, como já dissemos, a ação de graças estiver acompanhada de alegre devoção, a oração for purificada pela pureza de intenção e a confissão nos tornar limpos pelo perdão, como está escrito: *Se os vossos pecados forem como o escarlate, eles se tornarão brancos como a neve; e se forem vermelhos como o carmesim, ficarão brancos como a branca lã* (Is 1,18).

De qualquer modo, seja qual for a oferta que estejas preparando, lembra-te de confiá-la a Maria, a fim de que a graça retorne ao doador da graça pelo mesmo canal pelo qual chegou. É verdade que, se quisesse, Deus teria o poder de infundir a graça sem este aqueduto; mas ele quis dar-nos esse meio. Talvez as tuas mãos estejam sujas de sangue e cheias de preocupações porque não as tenhas purificado completamente (cf. Is 33,15). Por isso, aquele pouco que desejas oferecer, se não quiseres que seja rejeitado, cuida de oferecê-lo pelas agradabilíssimas e digníssimas mãos de Maria. Realmente, elas são lírios candidíssimos, e o divino amante dos lírios não deixará de encontrar a tua oferta, qualquer que ela seja, entre os lírios que encontrou nas mãos de Maria.

3

Na Anunciação do Senhor

(SBO, vol. V, p. 13-42)

1º Sermão

Sobre o verso do Salmo 84,10
A fim de que a glória habite em nossa terra[20]

1. *A fim de que a glória habite em nossa terra, a misericórdia e a verdade se encontraram, a justiça e a paz se beijaram* (Sl 84,10-11). Como diz o Apóstolo: *A nossa glória é esta: o testemunho da nossa consciência* (2Cor 1,12). Certamente não o testemunho que, com pensamento seduzido e sedutor, o soberbo fariseu dava de si mesmo (cf. Lc 18,11-12), porque seu testemunho não é verdadeiro; mas o testemunho dado ao nosso espírito pelo Espírito (cf. Jo 5,31; 8,13-14).

Creio que este testemunho conste de três elementos. Antes de mais nada é preciso crer que não podes obter o perdão dos pecados senão pela misericórdia de Deus; depois, que não podes praticar nenhuma obra boa se ele não permitir que a faças; por fim, que não

---

20. Desde o início e ainda no tempo de Bernardo, a Festa da Anunciação esteve ligada estreitamente à festa do Natal, sendo sempre considerada uma festa do Senhor (= Anunciação do Senhor, de Cristo); nos últimos séculos, a denominação da festa foi mariana (= Anunciação da Bem-aventurada Virgem Maria). Com a reforma litúrgica promovida após o Concílio Vaticano II, a festividade retomou o nome antigo de Anunciação do Senhor. É nesse sentido que Bernardo a considera. Por isso não deve causar estranheza se nos dois primeiros sermões encontramos apenas um ou outro aceno a Maria.

podes merecer a vida eterna com tuas obras se ele não a der a ti como dom gratuito.

Quem pode fazer puro o que foi concebido de semente impura, senão tu, que és puro (Jó 14,4)? O [mal] que foi feito, certamente não pode não ter sido feito; mas se [Deus] não o imputar, será como se não tivesse sido feito. É o que diz o Profeta ao refletir sobre isso: *Feliz o homem a quem o Senhor não inculpou de pecado* (Sl 31,2).

Quanto às obras boas, é absolutamente certo que ninguém pode realizá-las por si mesmo. Pois se a natureza humana não conseguiu se manter quando ainda era íntegra, muito menos poderá reerguer-se por si mesma depois que caiu. É certo que todas as coisas, por sua constituição, tendem para a própria origem, para a qual estão sempre inclinadas. Assim também nós, criados do nada, abandonados a nós mesmos nos inclinamos sempre para o pecado, que é um nada.

2. Quanto à vida eterna, porém, sabemos que *os sofrimentos do tempo presente não têm proporção com a glória vindoura* (Rm 8,18), nem que um só os suportasse todos. Pois os méritos dos homens não são tais que, por causa deles, tenham direito à vida eterna, e Deus cometeria uma injustiça se não lha desse. Mas para não dizer que todos os méritos são um dom de Deus, e que exatamente por eles o homem é mais devedor de Deus do que Deus dos homens, o que são os méritos diante de tanta glória?

Enfim, quem é maior que o Profeta, de quem o próprio Deus deu um insigne testemunho, dizendo: *Achei um homem segundo o meu coração* (At 13,22)?

No entanto, também ele teve necessidade de dizer a Deus: *Não entres em juízo com o teu servo* (Sl 142,2).

Portanto, ninguém se iluda, porque se quiser pensar bem, sem dúvida perceberá que *com dez mil [homens] não pode enfrentar o outro que vem contra ele com vinte mil* (Lc 14,31).

3. Na verdade, o que até aqui dissemos, não é absolutamente suficiente; deve antes ser considerado o início e como que o fundamento da fé. Por isso, ages bem, se acreditas que teus pecados só podem ser apagados por aquele contra quem pecaste e sobre o qual não cai o pecado; mas deves crer também que realmente ele te perdoa os pecados. É o testemunho que no íntimo do nosso coração dá o Espírito Santo, ao dizer: *Teus pecados te são perdoados* (Mt 9,5). Assim também pensa o Apóstolo quando afirma que o homem é justificado gratuitamente pela fé (cf. Rm 3,28).

O mesmo diga-se dos méritos: não basta que creias que só podes adquiri-los através dele [= de Deus]; é preciso que o Espírito da verdade te dê testemunho que os recebeste por ele. Assim é também com a vida eterna: é necessário que o Espírito testemunhe que a alcançarás com a graça divina. De fato, é ele que perdoa os pecados, é ele que dá os méritos, é ele que concede os prêmios.

4. Na verdade, estes testemunhos são muito dignos de fé (cf. Sl 92,5). Porque, quanto ao perdão dos pecados, tenho um argumento muito válido: a paixão do Senhor. A voz do seu sangue tornou-se muito mais potente que a voz do sangue de Abel (cf. Gn 4,10; Hb 12,24),

quando invoca o perdão de todos os pecados nos corações dos eleitos. *Foi entregue pelos nossos pecados* (Rm 4,25). E não há dúvida que sua morte é mais potente e eficaz para o bem do que os nossos pecados para o mal.

Quanto às boas obras, porém, para mim, o argumento certamente mais eficaz é sua ressurreição, porque *ressuscitou para a nossa justificação* (Rm 4,25).

Por outro lado, quanto à esperança dos prêmios, o testemunho é sua ascensão, porque ele subiu ao céu para a nossa glorificação.

Encontras estas três [verdades] nos Salmos, onde o Profeta diz: *Feliz o homem a quem o Senhor não inculpou de pecado* (Sl 31,2); *feliz o homem que de ti espera socorro* (Sl 83,6); e ainda: *feliz o que escolheste e tomaste para ti: ele habitará nos teus átrios* (Sl 64,5).

Esta é a verdadeira glória, a glória que habita em nós, porque vem dele que, pela fé, mora em nossos corações (cf. Ef 3,17). Mas os filhos de Adão, que procuram a glória que vem uns dos outros, não queriam a glória que vem somente de Deus; e assim, seguindo uma glória puramente exterior, não tinham a glória em si mesmos, mas nos outros (cf. Jo 5,44).

5. Queres saber de onde vem a glória que habita no homem? Di-lo-ei brevemente, porque quero passar logo a considerações espirituais. De fato, eu me havia proposto só isso quando pensei examinar as palavras proféticas; mas a palavra apostólica sobre a glória interior e sobre o testemunho da consciência desviou a reflexão para o aspecto moral.

Portanto, esta glória habita também aqui na nossa terra, contanto que a misericórdia e a verdade se encontrem e a justiça e a paz se beijem (cf. Sl 84,11). Mas é necessário que a verdade da nossa confissão vá ao encontro da misericórdia que vem e que, de resto, busquemos *a santidade e a paz, sem a qual ninguém verá a Deus* (Hb 12,14). Pois, quando alguém se arrepende, a misericórdia logo se antecipa a ele, mas não entrará enquanto não ocorrer a verdade da confissão. *Pequei contra o Senhor* (2Sm 12,13), disse o próprio Davi ao Profeta Natã, que o acusava de adultério e de homicídio. *Também o Senhor perdoou o teu pecado*, respondeu o profeta. Realmente, *a misericórdia e a verdade se encontraram*. E isso, para que te desvies do mal (cf. Sl 36,27).

Todavia, para fazer o bem, deves louvar [o Senhor] com tímpanos e com o coro (cf. Sl 150,4), a fim de que a mortificação da tua carne, os frutos de penitência e as obras de justiça se produzam em unidade e concórdia – porque a unidade do espírito é o vínculo da perfeição (cf. Cl 3,14) – e não te desvies nem para a direita nem para a esquerda (cf. Pr 4,27). Porque existem aqueles cuja direita é mão de iniquidade (cf. Sl 143,8.11).

O fariseu, do qual falamos acima, não era como os outros homens; e, como dissemos, ele mesmo deu testemunho de si, mas seu testemunho não é verdadeiro (cf. Jo 5,31; 8,13). Na verdade, quem quer que seja, poderá certamente gloriar-se aquele no qual *a misericórdia e a verdade se encontraram, a justiça e a paz se beijaram* (Sl 84,11); mas ele se gloriará naquele que lhe dá testemunho no espírito da verdade.

6. *A fim de que a glória habite em nossa terra, a misericórdia e a verdade se encontraram, a justiça e a paz se beijaram* (Sl 84,10-11).

Se *o filho sábio é a glória do seu pai* (Pr 13,1), evidentemente a glória do Pai é *Cristo, poder de Deus e sabedoria de Deus* (1Cor 1,24), já que ninguém é mais sábio que a própria Sabedoria. Então, já que dele outrora muitas vezes e de muitos modos foi anunciado pelos profetas (cf. Hb 1,1) que ele seria visto na terra e conversaria com os homens (cf. Br 3,38), o salmista indica com as palavras acima citadas a maneira pela qual aconteceu e se realizou tudo o que fora predito pela boca dos profetas (cf. At 3,18) e a glória de Deus tenha habitado sobre a terra. Como se quisesse dizê-lo com maior clareza: A fim de que o Verbo se fizesse carne e habitasse entre nós, *a misericórdia e a verdade se encontraram, a justiça e a paz se beijaram*.

Que mistério, irmãos, e como deveríamos aprofundá-lo, se para compreendê-lo não nos faltasse inteligência e à nossa inteligência não faltassem as palavras. Todavia, direi o que sinto, embora seja pouco, esperando assim dar uma ocasião ao sábio.

Parece-me, diletíssimos, que o primeiro homem, desde o início da criação, esteve coberto por estas quatro virtudes, e, como recorda o profeta, revestido com a roupagem da salvação (cf. Is 61,10). Toda a salvação está nestas quatro [virtudes], e sem elas não pode existir salvação, sobretudo porque não podem ser virtudes, se uma for separada da outra.

Portanto, o homem havia recebido a misericórdia, como guarda e escrava, para que ela o precedesse e o seguisse, o protegesse e o defendesse em toda a parte. Vê que nutriz Deus entregou ao seu filhinho, que escrava deu ao homem apenas nascido.

Mas era necessário dar-lhe também um mestre, já que era uma criatura nobre e racional; não um animal qualquer que se deve proteger, mas um filho que se deve educar. Evidentemente, para o magistério, ninguém era mais adaptado do que a própria Verdade, que um dia o levaria ao conhecimento da suma verdade.

Entretanto, para que o homem não se surpreendesse fazendo o mal e, embora conhecesse o bem, não o praticasse e caísse em pecado (cf. Tg 4,17), recebeu também a justiça, pela qual se orientaria.

A benigníssima mão do Criador acrescentou ainda a paz, pela qual [o homem] se fortificaria e se alegraria. Uma paz dupla, para que não houvesse luta no interior nem medo no exterior, isto é, nem sua carne se pusesse em luta contra o espírito (cf. Gl 5,17) nem houvesse uma criatura que lhe metesse medo. De fato, tranquilamente ele deu um nome a todos os animais, e a própria serpente venceu-o mais com a astúcia do que com a violência.

O que faltava àquele que a misericórdia protegia, a verdade instruía, a justiça orientava, a paz fortalecia?

7. Mas ai! este homem, por sua grande desventura e imprudência, desceu de Jerusalém a Jericó (cf. Lc 10,30): caiu nas mãos dos ladrões que, como se lê, em primeiro lugar foi despojado. Ou não está despojado aquele que, ao chegar o Senhor, se queixa de estar nu (cf. Gn 3,10)? Nem poderia ser revestido ou retomar as vestes que lhe

haviam sido roubadas, se Cristo não perdesse as suas (cf. Jo 19,23). Assim como a alma do homem não poderia reconquistar a vida se não tivesse havido a morte corporal de Cristo, da mesma forma o homem não seria revestido, se Cristo não tivesse sido despojado.

E nota que por causa das quatro partes da veste que o primeiro e velho homem perdeu, em outras tantas partes foi dividida a vestimenta do segundo e novo homem. Talvez perguntarás: E a túnica inconsútil, que não foi dividida, sobre a qual lançaram sorte (cf. Jo 19,24)? Creio que simbolize a imagem divina, que realmente não foi costurada, mas inserida e impressa na própria natureza, de forma que não pode ser separada ou dividida. Sem dúvida, o homem foi criado à imagem e semelhança de Deus (Gn 1,26): à imagem de Deus por sua livre vontade, à semelhança de Deus pelas virtudes que possui.

Ora, a semelhança desapareceu, e *o homem passa como sombra* (Sl 38,7); a imagem, porém, poderá queimar na geena, mas não se consumir; poderá arder, mas não se destruir. Portanto, ela não pode ser dividida, mas passada adiante. Aonde quer que a alma vá, lá estará também a imagem. Com a semelhança, no entanto, não é assim: ela permanece na alma que está no bem; no pecado, muda miseravelmente, tornando [o homem] semelhante às bestas irracionais.

8. Dissemos que o homem foi despojado das quatro virtudes. É oportuno falar sobre o modo como foi despojado de cada uma.

O homem perdeu a justiça quando Eva obedeceu mais à voz da serpente e Adão mais à voz da mulher do que à voz de Deus. Todavia ficou algo ao qual poderiam apoiar-se e que lhe foi mostrado por Deus no seu julgamento; mas rejeitaram também aquilo, entregaram-se a palavras de maldade (cf. Sl 140,4), tentando justificar o seu pecado. Pois a primeira parte da justiça consiste em não pecar; a segunda, em condenar o pecado, fazendo penitência.

[O homem] Perdeu também a misericórdia, quando Eva ardeu tanto na sua paixão que não teve piedade de si mesma nem do homem nem dos filhos que haveriam de nascer, condenando-os todos à terrível maldição e à necessidade da morte. Também Adão expôs a mulher pela qual havia pecado à ira divina, como que tentando defender-se às suas custas.

Viu, pois, a mulher que a árvore era bela de ver e seu fruto bom para comer e da serpente ouvira que eles se tornariam como deuses (cf. Gn 3,5-6). *A corda tripla não se rompe facilmente* (Ecl 4,12): a corda da curiosidade, da volúpia e da vaidade. É só o que o mundo tem: a concupiscência da carne, a concupiscência dos olhos e a soberba da vida (cf. 1Jo 2,16). Arrastada e seduzida por elas, nossa cruel mãe afastou qualquer misericórdia. E também Adão, que por falsa compaixão para com a mulher pecara com ela, não quis compadecer-se corretamente e fazer penitência também por ela.

A mulher foi também privada da verdade, em primeiro lugar porque, com malícia, deturpou o que ouvira: *Morrerás indubitavelmente* (Gn 2,16), dizendo: *Não suceda que morramos* (Gn 3,3); depois, porque acreditou na serpente, que negava tudo e dizia: *De nenhum modo morrereis* (Gn 3,4). Também Adão foi privado da verdade, quando se envergonhou de confessar, recorrendo a desculpas efêmeras para se defender. Mas a Verdade diz: *Quem se envergonhar de mim diante dos homens, também eu me envergonharei dele* (Lc 9,26).

Perderam ao mesmo tempo a paz, porque *não há paz para os ímpios, diz o Senhor* (Is 48,22; 57,21). Afinal, não encontraram nos próprios membros uma lei contrária que, pela primeira vez, os fez envergonharem-se da nudez? *Tive medo porque estava nu* (Gn 3,10), disse ele. Miserável, antes não era assim; pouco antes não tinhas medo; não procuravas folhas, embora estivesses nu, como agora também.

9. No entanto – para continuarmos com a parábola do Profeta que recordou que elas se encontraram e se reconciliaram com um beijo (cf. Sl 84,11) –, creio que tenha surgido uma grave rixa entre as virtudes. Enquanto a verdade e a justiça faziam sofrer o infeliz, a paz e a misericórdia, contrárias a esta atitude, julgavam que ele deveria antes ser perdoado. De fato, estas duas concordam entre si como irmãs de leite, da mesma forma que as primeiras.

Por isso, aconteceu que, enquanto a verdade e a justiça continuavam a punir e a castigar o homem decaído, acrescentando às penas presentes a ameaça de um suplício futuro, a misericórdia e a paz se retiraram para o coração do Pai, retornando assim ao Senhor que as havia dado [ao homem]. De fato, somente ele tinha desígnios de paz, enquanto tudo parecia estar cheio de desgraça (cf. Jr 29,11). Contudo, a Paz não desistia e a Misericórdia não lhe dava sossego, mas com piedosos cochichos procuravam comover seu ânimo paterno: *Porventura o Senhor nos rejeitou para sempre e já não voltará a ser-nos favorável? Acaso Deus se esqueceu de ter compaixão ou, na sua ira, conterá as suas misericórdias* (Sl 76,8.10)?

E embora se tivesse a impressão que, por longo tempo, o Pai das misericórdias de forma alguma as ouvisse, para dar satisfação ao zelo da Justiça e da Verdade, a insistência das que suplicavam não ficou sem fruto, mas foi ouvida no tempo oportuno (cf. Sl 144,15).

10. Creio, porém, que Deus tenha dado a seguinte resposta às suplicantes [= à Paz e à Misericórdia]: "Até quando suplicareis? Tenho dívidas também com as vossas irmãs, a Justiça e a Verdade, que vedes prontas a *exercer a vingança entre as nações* (Sl 149,7). Chamem-nas, venham e tratemos juntos a questão". Os mensageiros celestes se apressam, mas, diante da miséria dos homens e de sua cruel calamidade, como recorda o Profeta, *os anjos da paz choravam amargamente* (Is 33,7). Com efeito, quem mais do que os anjos da paz procurará com maior fidelidade o que pode ser útil à paz?

Assim, por decisão comum, no dia marcado a Verdade se elevou da terra e se elevou até as nuvens; não estava totalmente límpida, mas um pouco obscurecida e ainda ofuscada por seu zelo indignado. E aconteceu o que lemos no Profeta: *Senhor, tua misericórdia eleva-se até o céu e tua verdade, até as nuvens* (Sl 35,6).

O Pai das luzes estava sentado entre elas, e cada uma expunha o que tinha de mais útil a seu favor. Quem pensas que tenha merecido assistir a esse colóquio, para no-lo contar? Quem ouviu e depois narrou? Talvez sejam coisas que não se podem contar e ao homem não é lícito referir (cf. 2Cor 12,4). Todavia, penso que o resumo de toda a discussão tenha sido:

"A criatura racional", disse a Misericórdia, "precisa de compaixão porque se tornou terrivelmente miserável e infeliz. Chegou o tempo de ter piedade dela (cf. Sl 101,14), e até já passou o tempo".

Contra isso, disse a Verdade: "É preciso que se cumpra a palavra que pronunciaste, Senhor. É necessário que morra Adão e todos os que estavam com ele no dia em que, por desobediência, comeu o fruto proibido".

Disse a Misericórdia: "Mas então, Pai, para que me geraste, para morrer imediatamente? Aliás, a própria Verdade sabe que tua misericórdia pereceu, e dela nada existe se, de vez em quando, não te mostras misericordioso".

Da mesma forma, a outra respondia, dizendo: "E quem não sabe, Senhor, que se o pecador conseguir escapar da sentença morte que lhe pronunciaste, tua verdade cessaria e já não permaneceria para sempre?".

11. Mas eis que um dos querubins sugeriu que fossem enviadas ao Rei Salomão, porque, disse, ao filho havia sido dado todo o poder de julgar (cf. Jo 5,22). Portanto, *a Misericórdia e a Verdade se encontraram* diante dele, repetindo alternadamente as palavras da argumentação que acima lembramos.

"Admito", disse a Verdade, "que a Misericórdia tem um zelo bom, mas um zelo pouco esclarecido (cf. Rm 10,2). Ora, por que motivo julga ela que se deva poupar o pecador e não a sua irmã?"

"Logo tu", diz a Misericórdia, "que não respeitas nem um nem outra, mas te irritas com tanta indignação contra o pecador, a ponto de envolver também a irmã. Por que mereci esse sofrimento? Se tens alguma coisa contra mim, dizes-me; se não, por que me persegues" (cf. Jo 18,23)?

Irmãos, eis uma grande controvérsia, uma questão muito intrincada. Naquele momento, quem não teria dito: "Melhor fora que tal homem não tivesse nascido" (cf. Mt 26,24)? Exatamente assim, caríssimos, exatamente assim estavam as coisas: não se sabia como seria possível salvar ao mesmo tempo a Misericórdia e a Verdade.

A Verdade, porém, repetia que seus argumentos estavam de acordo com a posição do Juiz divino, que era necessário cuidar para não tornar sem efeito a palavra do Pai, a fim de que a palavra viva e eficaz não fosse esvaziada a cada momento. Por isso, disse a Paz:

"Basta, por favor, basta com estes discursos. Semelhante discussão não nos convém: não deve haver briga entre as virtudes".

12. O Juiz, por sua vez, inclinando-se, escrevia com o dedo no chão (cf. Jo 8,6). Eram palavras da Escritura, que a própria Paz leu para todas as outras, já que estava sentada mais perto:

"Uma diz: 'Eu estou morta, se Adão não morrer'; e a outra: 'Eu estou morta, se ele não alcançar misericórdia'.

Então, que venha uma morte boa e cada uma obterá o que pede".

Todas se admiraram com a palavra da sabedoria e a maneira pela qual a composição da briga e a sentença tiveram igual peso. Assim, ficou claro que a elas não sobrou nenhum motivo de queixa e que era possível também o que as duas pediam: que [o homem] morresse e que também obtivesse misericórdia.

"Mas como se fará isso?", perguntam. "A morte é crudelíssima e amaríssima; a morte é terrível e horrenda só de ouvir falar nela. De que modo ela pode se tornar boa?" Responde o Juiz: "A morte dos pecadores é péssima (cf. Sl 33,22), mas a dos santos pode tornar-se preciosa. Ou não será preciosa, se é o ingresso da vida e a porta da glória?"

"Preciosa", dizem as virtudes. "Mas como se fará isto?" Responde o Juiz: "Isso será possível se alguém que nada deve à morte morrer por amor. A morte não poderá retê-lo, porque é inocente, mas, como está escrito, será furado o maxilar do Leviatã (cf. Jó 40,19-21), será destruída a parede divisória (cf. 1Cor 15,26; Ef 2,14) e eliminado o grande abismo que foi posto entre a morte e a vida (cf. Lc 16,26). Na verdade, o amor é forte como a morte (cf. Ct 8,6), e até mais forte do que a morte. Se ele entrar na casa daquele forte, o há de amarrar, tirar-lhe-á todas as suas armas (cf. Lc 11,22; Mt 12,29) e, à sua passagem, abrirá um caminho pelo fundo do mar para que passem os libertados" (cf. Is 51,10).

13. O discurso do Juiz foi considerado bom, fiel e digno de toda a aceitação (cf. 1Tm 1,15; 4,9). Mas onde encontrar o inocente, disposto a morrer não porque é obrigado, não por sua culpa, mas por sua livre aceitação?

A Verdade percorreu toda a terra; mas não encontrou *ninguém, nem uma criança de um dia de vida, que fosse totalmente puro* (cf. Jó 14,4). Também a Misericórdia procurou por todo o céu, e até entre os anjos encontrou, não digo o pecado, mas um amor menor. Esta vitória só poderia ser alcançada por aquele que tivesse o maior amor (cf. Jo 15,13) e que daria a sua vida em favor dos servos inúteis e indignos (cf. Lc 17,10). É verdade que ele não nos chama mais servos (cf. Jo 15,15); mas isso se deve ao seu imenso amor e à sua eminente dignidade. Nós, porém, mesmo que tenhamos feito tudo o que nos fora ordenado, de que deveríamos ser chamados senão de servos inúteis (cf. Lc 17,10)? Mas quem ousaria entender-se com ele sobre isso? No dia marcado, a Verdade e a Misericórdia regressaram muito aflitas, porque não encontraram o que desejavam.

14. Então a Paz, levando-as à parte, consolava-as dizendo: "*Vós não sabeis nada, nem compreendeis* (Jo 11,49). *Não há quem faça esse bem; nem um sequer* (Sl 13,1; 52,4). Aquele que deu o conselho, que traga a solução".

O rei compreendeu o que ela queria dizer e interveio: "*Estou arrependido de ter feito o homem* (Gn 6,7). Por isso sofro e devo sofrer e fazer penitência pelo homem que criei". E acrescentou: "*Eis que venho* (Hb 10,7). *Pois este cálice não pode passar sem que eu o beba*" (Mt 26,42). Imediatamente chamou Gabriel e disse: "Vai, e anuncia à filha de Sião: *Eis que o teu rei virá a ti*" (Zc 9,9). Ele partiu logo e disse: *Adorna, ó Sião, o teu leito nupcial e recebe o rei*[21].

---

21. Trata-se da 2ª Antífona das Primeiras Vésperas da Festa da Purificação, dia 2 de fevereiro.

A seguir a Misericórdia e a Verdade precederam o rei, como está escrito: *Misericórdia e verdade irão adiante da tua face* (Sl 88,15). A Justiça preparou o trono, conforme as palavras: *Justiça e equidade são a base do teu trono* (Sl 88,15). A Paz acompanhou o rei, para se cumprir o que dissera o fiel profeta: *Haverá paz em nossa terra, quando ele vier* (cf. Mq 5,4-5). Por isso que, ao nascer o Senhor, o coro dos anjos cantava: *Paz na terra aos homens de boa vontade* (Lc 2,14).

E na ocasião, também *a Justiça e a Paz se beijaram*, porque até aquele momento pareciam divergir diametralmente. De fato, a primeira, embora fosse a justiça que vem da lei (cf. Rm 10,5), não usava o beijo, mas o aguilhão, subjugando mais pelo medo do que atraindo pelo amor. Ela não conseguiu a reconciliação como a consegue agora a justiça que vem da fé (cf. Rm 10,6). Afinal, por que nem Abraão nem Moisés nem os demais justos daquele tempo conseguiram alcançar a paz da bem-aventurança eterna e entrar no reino da paz no momento de sua morte, senão por que a justiça e a paz ainda não se tinham abraçado?

Por isso, diletíssimos, com o mais ardente zelo devemos seguir a justiça (1Tm 6,11), se é verdade que *a Justiça e a Paz se beijaram* e iniciaram um pacto de indissolúvel amizade. De modo que todo aquele que leva consigo o testemunho da Justiça, desde já seja recebido pela Paz com rosto radiante e abraços alegres e com ambas durma e descanse (cf. Sl 4,9).

2º Sermão

O Espírito septiforme

1. Nesta solenidade da Anunciação do Senhor, irmãos, consideremos a simples história da nossa redenção como uma ameníssima planície. Uma nova missão foi confiada ao Anjo Gabriel e a Virgem, que professa uma nova virtude, é honrada com o favor de uma nova saudação. Acaba a antiga maldição das mulheres (cf. Gn 3,16), e a nova mãe recebe uma nova bênção. Enche-se de graça aquela que não conhece a concupiscência, a fim de que, pela vinda do Espírito, ela, que renunciou receber um homem, possa dar à luz o Filho do Altíssimo (cf. Lc 1,34-35). Pela mesma porta através da qual entrara o veneno da serpente e que atingira todo o gênero humano, entra agora para nós o antídoto da salvação.

É fácil recolher desses prados inúmeras flores; mas volto-me para o abismo de temível profundidade: um abismo absolutamente insondável, o mistério da encarnação do Senhor; um abismo impenetrável: *O Verbo se fez carne e habitou entre nós* (Jo 1,14). De fato, quem consegue investigá-lo, tocá-lo a fundo, compreendê-lo? O poço é fundo (cf. Jo 4,11) e por isso não consigo beber nele.

Todavia, a umidade que sobe dos poços costuma umedecer os panos que se estendem por cima. Assim, embora não ouse lançar-me na misteriosa profundidade por ter consciência da minha incapacidade, estendo com frequência, Senhor, minhas mãos sobre a boca deste poço, porque *a minha alma diante de ti é como terra sem água* (Sl 142,6). Mas se por acaso se levantar alguma nuvem e minha mente for apenas refrescada, irmãos, esforçar-me-ei por comunicar-vos o fato com desinteresse, como que torcendo o pano para deixar cair ao menos uma pequena gota de celeste orvalho.

2. Antes de mais nada, pergunto-me por que se encarnou o Filho, e não o Pai ou o Espírito Santo, já que toda a Trindade possui não só a mesma glória, mas também a mesma substância? Mas *quem conheceu o pensamento do Senhor? Ou quem foi o seu conselheiro?* (Rm 11,34). Trata-se de um mistério profundíssimo, e não é bom que lhe demos uma resposta precipitada. Todavia, pode-se dizer que a encarnação do Pai ou do Espírito Santo geraria confusão por causa da pluralidade dos filhos, porque um seria chamado filho de Deus e outro filho do homem. Por isso, parece sumamente oportuno que aquele que já era filho se fizesse filho de modo especial, para não haver confusão nem no nome.

Além do mais, trata-se de uma glória singular da nossa Virgem e de uma excelente prerrogativa de Maria, que mereceu ter em comum com Deus Pai o único e mesmo Filho; glória e prerrogativa que ela não teria, se o Filho não se tivesse encarnado.

Mas também nós não teríamos tido outra ocasião de esperar uma herança. De fato, tendo-se feito primogênito entre muitos irmãos (cf. Rm 8,29), aquele que era unigênito associou sem dúvida à sua herança aqueles que chamou à adoção; porque se são irmãos, são também coerdeiros (cf. Rm 8,17; Gl 4,7).

Portanto, Jesus Cristo, mediador fiel, com um inefável mistério uniu na sua única pessoa a substância de Deus e a do homem; assim, no próprio ato de reconciliar [o homem com Deus], com um supremo discernimento manteve-se na equidade, dando a cada um o que lhe era devido: a Deus a honra e ao homem a misericórdia.

E esta era a melhor forma de reconciliação entre o Senhor ofendido e o servo culpado: que o servo não fosse onerado com uma sentença mais dura por causa do excesso de zelo em honrar o Senhor, ou então, que se negligenciasse a honra devida a Deus para exageradamente condescender às necessidades do homem.

3. Ouve, pois, e observa atentamente a distinção que os anjos expressaram no nascimento desse Mediador: *Glória a Deus no mais alto dos céus, e paz na terra aos homens de boa vontade* (Lc 2,14). Enfim, por causa dessa observação, a Cristo, fiel reconciliador, não faltou nem o espírito de temor do Senhor (cf. Is 11,3), pelo qual sempre mostrou reverência ao Pai e sempre se referiu a ele, procurando em tudo a sua glória; nem lhe faltou o espírito de piedade (cf. Is 11,2), pelo qual com misericórdia compadeceu-se dos homens.

Conclui-se, então, que Cristo necessariamente teve também o espírito de ciência (cf. Is 11,2), pelo qual se distribui equitativamente o temor e a piedade. E nota que no primeiro pecado de nossos pais estavam presentes três autores e aos três claramente faltaram três coisas. Refiro-me a Eva, ao demônio e a Adão. Eva não teve o espírito de ciência, porque, como recorda o Apóstolo, deixou-se seduzir até à prevaricação (cf. 1Tm 2,14). Este espírito, certamente, não faltou à serpente, descrita como o mais astuto de todos os animais (cf. Gn 3,1); mas ela não teve espírito de piedade, porque ela foi homicida desde o princípio (cf. Jo 8,44). Adão talvez pareça ter espírito de piedade, porque não quis contradizer a mulher; mas abandonou o temor do Senhor, atendendo mais a voz dela que a de Deus. Oxalá nele tivesse prevalecido o temor do Senhor, como expressamente lemos de Cristo: *E será cheio*, não *do espírito* de piedade, mas *do espírito do temor do Senhor* (Is 11,3). Com efeito, em tudo e por tudo, deve-se preferir o temor do Senhor à piedade para com o próximo, porque só ele deve apossar-se de todo o homem.

Portanto, neste tríplice espírito, do temor, da piedade e da ciência, o nosso Mediador reconciliou os homens com Deus, e os libertou das mãos do adversário com o conselho e com a fortaleza. Com o conselho, privou o inimigo de seu antigo direito de pôr as mãos sobre o inocente; com a fortaleza o derrotou, para que não mantivesse sob seu poder aqueles que já haviam sido redimidos quando ele [= Cristo] retornou vitorioso dos infernos e com ele ressurgiu a vida de todos.

4. Desde então, alimenta-nos com o pão da vida e da inteligência (cf. Eclo 15,3) e nos sacia com a água da sabedoria da salvação. De fato, a compreensão das coisas espirituais e invisíveis é o verdadeiro pão da alma,

que restaura nosso coração e o revigora para qualquer obra boa através de toda a prática do espírito. O homem carnal, porém, que não compreende as coisas que são segundo o espírito de Deus, e até lhe parecem tolice (cf. 1Cor 2,14), deve gemer e chorar, dizendo: *O meu coração secou-se, porque me esqueci de comer o meu pão* (Sl 101,5).

De fato, a pura e perfeita verdade é que de nada adianta o homem ganhar o mundo inteiro, se vier a perder a sua alma (cf. Mt 16,26; Mc 8,36). Quando o avarento pode compreender isso? Faria esforço vão quem tentasse convencê-lo. E por quê? Exatamente porque ele considera isso uma tolice. O que é mais verdadeiro do que o fato de o jugo de Cristo ser suave (cf. Mt 11,30)? Dizes isso a um homem do mundo e verás que ele o considera uma pedra e não um pão. Sem dúvida, a alma vive da compreensão da verdade interior, e este é um alimento espiritual. Afinal, *não só de pão vive o homem, mas de toda a palavra que sai da boca de Deus* (Mt 4,4).

Todavia, a verdade terá dificuldade de penetrar em ti enquanto não tiveres gosto por ela. Mas quando começares a regozijar-te nela, tornar-se-á não o alimento, mas a bebida que, sem dificuldade, entra na alma, onde o alimento espiritual da inteligência é digerido pela bebida da sabedoria para se tornar útil e não prejudicial aos membros do homem interior, isto é, dos seus afetos, que sofrem por causa da aridez.

5. Portanto, ao Salvador não faltou absolutamente nada do que fosse necessário para a salvação dos povos.

É dele que Isaías canta: *Sairá um rebento do tronco de Jessé, e uma flor brotará da sua raiz. Repousará sobre ele o Espírito do Senhor, espírito de sabedoria e de entendimento, espírito de conselho e de fortaleza, espírito de ciência e de piedade; e será cheio do espírito do temor do Senhor* (Is 11,1-3).

Presta bem atenção, porque ele diz que a flor brotará da raiz e não do ramo. De fato, se a nova carne de Cristo tivesse sido criada do nada no seio da Virgem, como pensaram alguns, não se poderia dizer que a flor brotou da raiz, mas do ramo. Ora, aquele que provém da raiz mostra, sem dúvida, que teve da origem comum a mesma matéria. Realmente, o fato que o Espírito do Senhor repousou sobre ele mostra que nele não havia nenhuma oposição. Em nós, porém, ele não repousa porque não é um espírito superior, mas a carne luta contra o espírito e o espírito contra a carne (cf. Gl 5,17).

Livre-nos deste conflito o novo e verdadeiro homem, no qual nada de semelhante existia, e que assumiu a autêntica origem da nossa carne, mas não o velho fermento (cf. 1Cor 5,7) da concupiscência.

3º Sermão

Maria, a adúltera e Susana[22]

1. Quão rico em misericórdia, quão magnânimo na justiça e generoso na graça és tu, ó Senhor nosso Deus! *Não há quem te seja semelhante* (Sl 39,6), ó liberalíssimo doador, ó remunerador justíssimo, ó libertador piedosíssimo. Gratuitamente olhas para os humildes, julgas os inocentes com justiça, com misericórdia salvas até os pecadores.

Se observarmos atentamente, eis, diletíssimos, o que, segundo o testemunho das Escrituras, hoje, com maior abundância do que de costume, nos é preparado sobre a mesa deste rico Pai de família. Esta abundância nos é apresentada por duas comemorações que apareceram juntas: o sagrado tempo da Quaresma e o sacratíssimo dia da Anunciação do Senhor.

Com efeito, hoje ouvimos que a misericórdia do Redentor perdoou a mulher surpreendida em adultério (cf. Jo 8,3-11); hoje libertou da morte a inocente Susana (cf. Dn 13,1-64); hoje ainda encheu a Bem-aventurada

---

22. Na edição crítica das *Obras de São Bernardo* há uma nota importante sobre este sermão: *O sermão foi feito no ano em que se celebrava a Anunciação no Sábado depois do Terceiro Domingo da Quaresma, quando se lia a história de Susana e o evangelho da mulher adúltera. Isso aconteceu no ano de 1150.*

Virgem com o dom singular de sua bênção gratuita (cf. Lc 1,26-38).

Grande banquete é este em que se serve ao mesmo tempo a misericórdia, a justiça e a graça! Ou a misericórdia não é um alimento dos homens? Sem dúvida, é um alimento substancioso e salutar. E a justiça, não é também ela nutrimento do coração? É certamente um alimento que fortifica, porque sólido e nutritivo. Enfim, bem-aventurados os que têm fome dele, porque serão saciados (cf. Mt 5,6). E a graça de Deus não é, por acaso, o alimento da alma? Certamente, um alimento dulcíssimo, que tem em si toda a suavidade e delícia do sabor (cf. Sb 16,20); e até, reivindicando para si todas essas prerrogativas, não só agrada, mas também restaura e cura.

2. Aproximemo-nos desta mesa, meus irmãos, e de cada prato provemos ao menos um pouco.

Moisés na lei mandou-nos apedrejar tais mulheres (Jo 8,5), dizem os pecadores de uma pecadora, os fariseus da adúltera. Mas ele falou assim por causa da dureza do vosso coração de pedra (cf. Mt 19,8; Ex 11,19). *Jesus, porém, inclinando-se* (Jo 8,6). *Senhor, inclina os teus céus e desce* (Sl 143,5). *Inclinando-se*, e dobrado até a misericórdia – ele não tinha um coração de judeu –, *escrevia com o dedo*, não na pedra, mas *na terra*. E não uma vez só, mas duas vezes, como as duas tábuas de Moisés (cf. Ex 31,18). E talvez, escrevendo palavras de verdade e de graça, e por duas vezes, ele que quis imprimi-las sobre a terra, porque segundo diz o Apóstolo: *A lei foi dada por Moisés, a graça e a verdade foram trazidas por Jesus Cristo* (Jo 1,17). Reflete, pois, para ver se [Cristo] leu na tábua da verdade para refutar os fariseus: *Aquele de vós que estiver sem pecado, atire--lhe a primeira pedra* (Jo 8,7). Resposta breve, mas viva e eficaz e mais cortante do que uma espada de dois gumes (cf. Hb 4,12). Com que gravidade foram traspassados por esta palavra aqueles corações de pedra, e com que violência foram atingidas por uma pedrinha aquelas frontes de pedra, prova-o o rubor da confusão e o sorrateiro afastamento.

Sem dúvida, a adúltera merecia ser apedrejada; mas só poderia puni-la aquele que, por sua vez, não merecesse ser punido. Só pode exigir que se castigue a pecadora quem não merecer o mesmo castigo. Do contrário, estando mais próximo, comece por si mesmo: pronuncie a sentença contra si mesmo e execute a vingança. É o que diz a Verdade.

3. Mas isso é pouco, porque se a Verdade contesta os acusadores, ainda não absolve a ré. Escreva novamente, escreva a sentença da graça, leia e ouçamos: *Mulher, ninguém te condenou? – Ninguém, Senhor. – Nem eu te condeno. Vai, e de agora em diante não peques* (Jo 8,10-11).

Ó palavra de misericórdia, ó palavra de salutar alegria! Senhor, *desde a manhã fazes-me ouvir a tua misericórdia, porque em ti tenho esperado* (Sl 142,8).

Na verdade, em ti só a esperança faz um lugar para a compaixão, e não pões o óleo da misericórdia senão no vaso da confiança. Mas se pecamos contra a esperança, a confiança é infiel e só merece a maldição. E nem deve ser chamada de confiança, mas de insensibilidade e pernicioso fingimento. Pois, que confiança pode ter aquele que não presta atenção ao perigo? E que remédio poderia vir do temor de Deus, se o temor não é sentido nem se vê motivo para senti-lo? A confiança é consolo, e não precisa de consolo aquele que se alegra com o mal feito e exulta até nas piores ações (cf. Pr 2,14).

Rezemos, pois, irmãos, para que nos seja dito o número de nossas iniquidades e pecados e desejemos que nos sejam manifestados os nossos crimes e delitos. *Examinemos nossa conduta* (Lm 3,40) e nossas inclinações e ponderemos atentamente todos os perigos. Tomado de pavor, cada um de nós diga: *Irei às portas do inferno* (Is 38,10), e assim, só na misericórdia de Deus encontraremos alívio.

A verdadeira confiança do homem consiste em desconfiar de si mesmo e se apoiar no Senhor, seu Deus. Esta, repito, é a verdadeira confiança, à qual jamais se nega a misericórdia, como atesta o Profeta: *O Senhor aprecia aqueles que o temem, os que confiam em sua misericórdia* (Sl 146,11).

E não são poucos os motivos de termos em nós o temor e nele [= em Deus] a confiança. Ele é suave e manso, infinitamente misericordioso (cf. Jl 2,13), acima de qualquer malícia e generoso no perdão (cf. Is 55,7). Creiamos ao menos nos seus inimigos, que nele não encontraram outra coisa senão ocasião de lançar-lhe calúnias (cf. Mc 14,55), dizendo: perdoará a pecadora, e não permitirá que seja morta aquela que lhe foi apresentada. Por isso, deve ser considerado inimigo declarado da lei, pois absolveu aquela que a lei condenou. É na vossa cabeça, ó fariseus, que se retorce tudo o que inventou a vossa maldade. Desconfiai da causa, vós que fugis do julgamento, pois aquela que ficou sem acusadores é absolvida sem que a lei seja violada.

4. Mas observemos, irmãos, para onde estão indo os fariseus. Vedes os dois velhos – pois foram embora a começar pelos mais velhos (cf. Jo 8,9) –, que se escondem no horto de Joaquim? Querem Susana, a mulher dele. Sigamo-los, porque estão cheios de maus pensamentos contra ela. *Faze a nossa vontade*, dizem os velhos, dizem os fariseus, dizem os lobos que pouco antes foram impedidos de devorar a ovelhinha, embora ela estivesse perdida. *Faze a nossa vontade e entrega-te a nós* (Dn 13,20).

Inveterados no mal (cf. Dn 13,52), há pouco a acusáveis de adultério, agora a induzis ao adultério. Mas é exatamente assim toda a vossa justiça: reprovais em público aquilo que fazeis às escondidas. Eis por que saístes um depois do outro, quando ele, que conhece tudo o que é oculto, bateu nas vossas consciências, dizendo: *Aquele de vós que estiver sem pecado, atire-lhe a primeira pedra* (Jo 8,7). Com razão, pois, a Verdade disse aos discípulos: *Se a vossa justiça não for maior do que a dos escribas e fariseus, não entrareis no reino dos céus* (Mt 5,20).

Caso contrário, dizem, *nós deporemos contra ti* (Dn 13,21). *Raça de Canaã e não de Judá* (Dn 13,56), nem isso Moisés mandou na lei. Ou aquele que mandou apedrejar a adúltera (cf. Jo 8,5), mandou acusar a honesta? Ou quem prescreveu que a adúltera fosse esmagada pelas pedras, mandou também levantar testemunho contra um inocente? Ao contrário, ele ordenou que, como a adúltera, também a falsa testemunha fosse punida (cf. Dt 19,16-20; Pr 19,5.9). Mas vós, que pondes vossa glória na lei, desonrais a Deus, transgredindo a lei (cf. Rm 2,23).

5. *Susana gemeu e disse: Vejo-me cercada de angústias de todos os lados* (Dn 13,22). De todos os lados, a morte: de um lado, a morte corporal, de outro, a morte espiritual. Por isso, diz: *Se eu fizer o que vós desejais, incorro na morte; e se não o fizer, não escaparei das vossas mãos* (Dn 13,22). Nem a adúltera nem a inocente fugirá das vossas mãos, ó fariseus; nem o santo nem o pecador escapa às vossas acusações. Ao descobrir os pecados dos outros, escondeis os vossos; e atribuis o vosso delito a quem talvez não tenha o seu.

Assim, o que pode fazer a Susana, cercada de todos os lados, entre a morte e a morte: a morte da alma e a morte do corpo? *Para mim é melhor cair inocente nas mãos dos homens, do que abandonar a lei do meu Deus* (Dn 13,23), responde. Ela sabia como é horrendo cair nas mãos do Deus vivo (cf. Hb 10,31). Afinal, se os homens matam o corpo, nada mais podem fazer à alma. Portanto, deve-se, antes, temer aquele que pode lançar no inferno a alma e o corpo (cf. Lc 12,4-5).

Por que não intervém a família de Joaquim? Entre pela porta dos fundos, pois no jardim ouvem-se gritos: gritos de lobos vorazes e da ovelhinha que bale entre eles. Mas não aceita que seja devorada uma inocente aquele que arranca de suas fauces até mesmo quem não merece. Por isso, com justiça, enquanto estava sendo levada para a morte (cf. Dn 13,45), Susana *tinha seu coração cheio de confiança no Senhor* (Dn 13,35), que ela sempre temera acima de qualquer temor humano e cuja lei sempre preferira à própria vida e à própria honra.

Ora, *jamais se tinha ouvido dizer qualquer coisa de Susana* (Dn 13,27). Também seus pais eram justos e seu marido era o mais respeitado de todos os judeus (cf. Dn 13,3-4). Com razão, pois, obteve do justo Juiz a justa vingança contra os injustos aquela que teve tanta fome de justiça (cf. Mt 5,6) que, por causa dela, desprezou a morte do corpo, a vergonha da raça e o inconsolável luto dos amigos.

6. Também nós, irmãos, que ouvimos de Cristo: *Nem eu te condeno* (Jo 8,11); que não queremos mais pecar contra ele, que nele queremos viver piedosamente (cf. 2Tm 3,12), devemos suportar a perseguição (cf. 1Cor 4,12), não pagar mal por mal nem injúria por injúria (cf. 1Pd 3,9). Ao contrário, quem não perseverar na paciência, perderá a justiça, ou seja, perderá a vida, isto é, perderá a sua alma. *A mim pertence a vingança, eu é que darei a paga merecida, diz o Senhor* (Rm 12,19). Exatamente assim. O Senhor retribuirá, se lhe deixares a vingança, se não lhe tirares o julgamento, se não pagares com o mal os que te fizeram mal. O Senhor julgará, mas a favor de quem suporta as injúrias; ele julgará com justiça (cf. Is 11,4), mas para os mansos da terra.

Se não me engano, porém, desagrada-vos que eu retarde o assunto que vos agrada. Não vos admireis.

Trata-se de delícias que não serão pesadas, mesmo que já estejais satisfeitos; não vos desagradarão, mesmo que já estejais fartos.

7. *O Anjo Gabriel foi enviado por Deus a uma cidade da Galileia, chamada Nazaré* (Lc 1,26). Admiras-te que Nazaré, uma cidade pequena, se tornou ilustre com tal mensageiro de tão grande rei? Mas nesta pequena cidade está escondido um grande tesouro; repito, está escondido, mas aos homens, não a Deus. Ou Maria não é o tesouro de Deus? Onde ela estiver, lá está seu coração (cf. Mt 6,21). Seus olhos estão fixos nela: em toda a parte, ele olha para a humildade de sua serva (cf. Lc 1,48).

O Unigênito do Pai conhece o céu? Ora, se conhece o céu, conhece também Nazaré. Por que não deveria conhecer sua pátria? Por que não deveria conhecer a sua herança? Ele tem direito ao céu por parte do Pai e a Nazaré por parte da mãe, da mesma forma que ele confirma ser Filho e Senhor de Davi (cf. Mt 22,42-43). *Os céus são os céus do Senhor, mas a terra ele a deu aos filhos dos homens* (Sl 113,16).

Portanto, é necessário que tanto os céus quanto a terra lhe sejam cedidos em propriedade, porque ele não só é Senhor, mas é também filho do homem. Nota também que, como filho do homem, ele reivindica a terra para si, mas como esposo ele a doa: *Apareceram as flores na nossa terra* (Ct 2,12). E isso nem é de estranhar, porque, afinal, Nazaré significa flor! A flor que brota da raiz de Jessé (cf. Is 11,1) ama a pátria rica de flores, a flor do campo e o lírio dos vales (cf. Ct 2,1), e feliz se apascenta entre os lírios (cf. Ct 2,16).

As flores são preciosas por uma tríplice graça: pela beleza, pelo perfume e pela esperança de fruto. Também a ti Deus considera uma flor e de ti se agrada se não te faltar a beleza de uma vida honesta, a fragrância da boa fama e o desejo voltado para o prêmio futuro. Com efeito, o fruto do espírito é a vida eterna.

8. *Não tenhas medo, Maria, porque encontraste graça diante do Senhor* (Lc 1,30). Quanta graça? Uma graça plena, uma graça singular. Singular ou geral? Uma e outra, sem dúvida, porque, sendo plena, é tanto singular quanto geral: recebeste de maneira singular a graça geral. Repito: tanto singular quanto geral: pois só tu, entre todos, encontraste a graça. Graça singular, porque só tu a recebeste em plenitude; graça geral, porque de sua plenitude todos participam (cf. Jo 1,16).

Bendita és tu entre as mulheres e bendito é o fruto do teu ventre (Lc 1,42). O fruto do teu ventre é, certamente, um fruto singular, mas que veio a todos por teu intermédio. Assim como outrora todo o orvalho desceu sobre o velo e sobre a eira, mas em nenhuma parte da eira esteve todo como sobre velo (cf. Jz 6,37-40). Só em ti, ó Maria, o rei rico, e até riquíssimo, se fez pobre; excelso, se humilhou; imenso, se fez pequeno e inferior aos anjos (cf. Hb 2,9); o verdadeiro Deus e o Filho de Deus se encarnou. Mas com que finalidade? Para que todos fôssemos enriquecidos por sua pobreza, fôssemos exaltados por sua humildade, fôssemos engrandecidos por sua pequenez, nos uníssemos a Deus por sua encarnação e começássemos a ser um só espírito com ele (cf. 1Cor 6,17).

9. Mas o que estamos a dizer, irmãos? Em que vaso será derramada de modo especial a graça? Se, como lembramos acima, a confiança contém a misericórdia e a paciência contém a justiça, que outro receptáculo, digno de receber a graça, poderíamos apresentar? Trata-se de um bálsamo puríssimo, que exige um vaso extremamente sólido. E que vaso é mais puro e mais sólido que a humildade de coração? Por isso, com razão, Deus dá a sua graça aos humildes (cf. Tg 4,6); com razão, Deus olhou para a humildade de sua serva (cf. Lc 1,48).

Perguntas por qual mérito? Exatamente porque o espírito humilde de Maria não tinha mérito humano algum, de modo que a plenitude da graça divina podia enchê-lo livremente.

Mas nós devemos chegar a essa humildade por alguns degraus. Em primeiro lugar, o coração do homem, que ainda se compraz em pecar e não mudou o seu mísero costume com um propósito melhor, por causa dos próprios vícios tornou-se incapaz de receber a graça. Segundo: mesmo quando já se dispõe a corrigir a própria conduta e a não recair nas culpas anteriores, os pecados passados, embora à primeira vista parece que tenham sido eliminados, enquanto permanecem nele impedem a entrada da graça. De fato, permanecem até serem lavados pela confissão, até que na alma se produzam dignos frutos de penitência.

Mas ai de ti se, por ser mais perniciosa que os vícios e pecados, entrar a ingratidão. Realmente, o que se opõe mais à graça do que a ingratidão? Com o correr do tempo, o fervor de nossa vida arrefece, pouco a pouco a caridade esfria (cf. Mt 24,12), aumenta a iniquidade, de forma que nos consumimos na carne depois de termos começado no espírito (cf. Gl 3,3). Disso resulta que, ímpios e ingratos, não reconhecemos mais os benefícios que Deus nos deu. Esquecemos o temor do Senhor, abandonamos a solidão religiosa, tornamo-nos loquazes, curiosos, superficiais e até caluniadores e murmuradores, distraídos, fugimos do trabalho e da disciplina, sempre que isso pode ser feito sem ser percebido, como se isso pudesse acontecer sem culpa.

E assim, por que nos admiramos que nos falta a graça, se ela é afastada por tantos obstáculos? Porque, se alguém, segundo o ensinamento do Apóstolo, é tão agradável [a Deus] que a palavra de Cristo, que é palavra da graça, habita nele (cf. Cl 3,16); se alguém é devoto, é diligente, é fervoroso de espírito, cuide de não confiar nos próprios méritos e não se apoiar nas próprias obras, pois, do contrário, a graça não entrará na sua alma. Na verdade, ele já está pleno, e nele a graça não encontra lugar para si.

10. Percebestes o fariseu que rezava (cf. Lc 18,10-14)? Não era ladrão nem injusto nem adúltero. Por acaso, não fazia dignos frutos de penitência (cf. Mt 3,8)? Jejuava duas vezes por semana, pagava o dízimo de tudo o que possuía. Talvez o imaginais um ingrato. Ouvi o que ele dizia: *Graças te dou, ó Deus* (Lc 18,11). Contudo, não era vazio, não era despojado, não era humilde, mas cheio de si. Não procurou saber o que lhe faltava, mas exagerou seu próprio mérito. E isso não era uma sólida plenitude, mas um tumor. Por isso, retornou vazio aquele que

mostrava plenitude. O publicano, porém, que se abaixara, que se esforçou por apresentar um vaso vazio, partiu com uma graça ainda maior.

Nós, portanto, irmãos, se quisermos encontrar a graça, certamente devemos abster-nos dos vícios e fazer digna penitência dos pecados passados. E também sejamos especialmente solícitos em nos mostrar devotos diante de Deus e verdadeiramente humildes. É para essas almas que com prazer ele olha com benévola atenção, como diz o sábio: *A graça e a misericórdia de Deus são para os seus santos, e os seus olhares estão sobre os seus escolhidos* (Sb 4,15).

Talvez seja por isso que ele chama quatro vezes a alma à qual dirigiu o olhar, dizendo: *Volta, volta, ó Sulamita; volta, volta para que nós te contemplemos* (Ct 6,12).

Isso para que ela não persista no hábito de pecar, ou na consciência dos pecados; mas também não na tibieza e no torpor da ingratidão, ou na cega exaltação de si mesma.

Digne-se manter-nos longe e livrar-nos desses quatro perigos aquele que para nós Deus Pai fez sabedoria, justiça, santificação e redenção (cf. 1Cor 1,30): Jesus Cristo nosso Senhor, que com o Pai e o Espírito Santo vive e reina, Deus, por todos os séculos dos séculos. Amém.

4

Na purificação de Santa Maria

(SBO, vol. IV, p. 334-344)

1º Sermão

O Cântico: Recebemos[23]

1. Neste dia, a Virgem Mãe introduz o Senhor do templo no templo do Senhor (cf. Lc 2,22); também José apresenta ao Senhor não o seu filho, mas o Filho dileto do Pai, que nele pôs sua complacência (cf. Mt 3,17). O justo [Simeão] reconhece aquele que esperava (cf. Lc 2,25-32) e também a viúva Ana fala dele (cf. Lc 2,36-38).

Foram estas quatro pessoas que, pela primeira vez, celebraram a procissão de hoje, e que depois, para alegria de toda a terra, seria celebrada em todo o lugar e por todos os povos. Não é de admirar se aquela procissão foi pequena, já que pequeno era o que era recebido.

Lá não houve lugar para nenhum pecador: todos eram justos, todos santos, todos perfeitos. E então, Senhor, será que vais salvar somente a estes? Cresça o teu corpo e cresça também a tua compaixão. *Tu, Senhor, salvarás o homem e os animais quando multiplicares a tua misericórdia, ó Deus* (Sl 35,7-8).

Na segunda procissão, multidões já o precedem e multidões o seguem; e não é a Virgem que o carrega, mas um jumentinho (cf. Mt 21,7). Jesus não rejeita ninguém, nem

---

23. Bernardo se refere ao *Salmo* 47,10, que na liturgia da festa da Purificação, 2 de fevereiro, era cantado como Antífona de entrada da Missa.

aqueles que apodreceram como animais no seu esterco (cf. Jl 1,17): não os rejeitou, repito, contanto que não lhes faltem as vestes dos apóstolos (cf. Mt 21,7), isto é, a sua doutrina, a santidade dos costumes, a obediência e a caridade que cobrirá uma multidão dos pecados (cf. Tg 5,20). Então não os considerará indignos da glória da sua procissão. Exatamente a glória que parecia reservada a tão poucos, ele a destinou também a nós. E por que não reservaria aos pósteros o que antes havia dado aos antigos?

2. Davi, rei e profeta, exultou para ver este dia; *viu-o e se alegrou* (Jo 8,56). Pois se não o tivesse visto, como poderia cantar: *Recebemos, ó Deus, a tua misericórdia no meio do teu templo* (Sl 47,10)?

Davi recebeu a misericórdia do Senhor, recebeu-a Simeão, recebê-la-emos também nós e todos aqueles que são predestinados à vida (cf. At 13,48), pois Cristo é o mesmo ontem, hoje e sempre (cf. Hb 13,8).

A misericórdia está no meio do templo; não a um canto ou em lugar separado, porque *não há acepção de pessoas diante de Deus* (Cl 3,25). A misericórdia de Deus é proposta a todos, é oferecida a todos: só não a recebe quem a rejeita. As tuas águas, Senhor Deus, correm para fora, mas a fonte permanece tua e dela só não bebe o estranho (cf. Pr 5,15-17). Quem é teu não verá a morte sem que veja o Cristo do Senhor (cf. Lc 2,26) para, seguro, ser deixado partir em paz (cf. Lc 2,29).

Por que não deveria ter deixado partir em paz aquele que tem o Cristo do Senhor em seu peito? Pois ele é a nossa paz (cf. Ef 2,14) que pela fé habita em nossos corações (cf. Ef 3,17). Como partirás tu daqui, alma miserável, que ignoras Jesus como guia do caminho? Afinal, *alguns não têm o conhecimento de Deus* (1Cor 15,34). Por quê? Certamente porque *a luz veio ao mundo, e os homens amaram mais as trevas do que a luz* (Jo 3,19). *E a luz*, diz, *resplandeceu nas trevas, mas as trevas não a compreenderam* (Jo 1,5). Como se dissesse: E as águas inundam as praças, mas o estranho não bebe delas (cf. Pr 5,15-17); e a misericórdia está no meio do templo (cf. Sl 47,10), mas não se aproximam aqueles sobre os quais pesa a eterna condenação. *No meio de vós*, ó míseros, *está quem vós não conheceis* (Jo 1,26). Assim, não podereis partir em paz, morrendo sem ter visto o Cristo do Senhor, sendo antes presa dos que rugem, prontos a devorá-los (cf. Eclo 51,4; 1Pd 5,8).

3. *Recebemos, ó Deus, a tua misericórdia no meio do teu templo*. Bem diversa é esta ação de graças do grito daquele que geme: *Senhor, a tua misericórdia chega até o céu; a tua verdade até as nuvens* (Sl 35,6).

O quê? Acaso pensaste que a misericórdia estaria no meio do templo quando ela se encontrava apenas entre os espíritos celestiais? Absolutamente. Foi quando Cristo se fez um pouco inferior aos anjos (cf. Hb 2,7.9), quando se tornou mediador entre Deus e os homens (cf. 1Tm 2,5), e quando, como pedra angular (cf. 1Pd 2,6.7), por meio do seu sangue, pacificou tanto as coisas da terra quanto as coisas do céu (cf. Cl 1,20) que verdadeiramente *recebemos, ó Deus, a tua misericórdia no meio do teu templo*. Também nós, por natureza, éramos filhos da ira (cf. Ef 2,3), mas obtivemos a misericórdia.

Filhos da ira de quem? E que misericórdia obtivemos? Filhos da ignorância, da fraqueza e da escravidão, obtivemos a sabedoria, a virtude e a redenção. A ignorância da mulher seduzida nos havia cegado; a fraqueza do homem atraído e aliciado pela própria concupiscência (cf. Tg 1,14) nos enervara; a malícia do diabo nos escravizara; por isso, com justiça, fomos abandonados por Deus. Portanto, assim é que nascemos todos: primeiramente desconhecendo a estrada que conduz à morada da cidade celeste; depois, débeis e preguiçosos, de forma que, mesmo conhecendo o caminho da vida (cf. At 2,28), seríamos impedidos e parados pela nossa inércia; enfim, por sermos escravos de um tirano péssimo e muito cruel, mesmo que fôssemos sábios e fortes, seríamos oprimidos pela condição de infeliz escravidão.

Ora, tanta miséria não necessita de misericórdia e de muita compaixão? Certamente. E se já fomos salvos dessa tríplice ira por Cristo, *que da parte de Deus Pai veio a ser para nós sabedoria, justiça, santificação e redenção* (1Cor 1,30), quanta vigilância devemos ter, diletíssimos, para que não suceda – livre-nos Deus! – que a nossa nova condição se torne pior do que a primeira (cf. Mt 12,45), e tenhamos que ser novamente, não por natureza, mas por própria vontade, filhos da ira?

4. Abraçamos, pois, a misericórdia que recebemos no meio do templo e, com a Bem-aventurada Ana, não nos afastamos do templo (cf. Lc 2,37). Afinal, o Apóstolo diz que *é santo o templo de Deus, que sois vós* (1Cor 3,17). Essa misericórdia está perto, perto está a palavra, na vossa boca e no vosso coração (cf. Rm 10,8). Enfim, pela fé

Cristo habita nos vossos corações (cf. Ef 3,17), que são o seu templo e a sua morada; a não ser que vos esqueçais de que *a alma do justo é sede da sabedoria* (cf. Pr 12,3).

Aquilo que com frequência, e até sempre, vos recomendo, meus irmãos, desejo pedir-vos também agora: não vivamos segundo a carne (cf. Rm 8,4) para não desagradar a Deus. Não sejamos amigos deste mundo, para não nos tornarmos inimigos de Deus. Resistamos, pois, ao demônio e ele fugirá de nós (cf. Tg 4,7), e livremente caminharemos segundo o espírito (cf. Gl 5,16) e o nosso pensamento estará no coração.

Infelizmente, o nosso *corpo corruptível torna pesada*, fatiga e enfraquece *a alma, e a tenda terrena oprime a mente cheia de cuidados* (Sb 9,15), de forma a impedi-la de elevar-se às coisas celestes. Por isso, *a sabedoria deste mundo é loucura diante de Deus* (1Cor 3,19) e aquele que se deixa dominar pelo maligno torna-se também seu escravo (cf. 2Pd 2,19).

Ao contrário, no coração recebemos a misericórdia, no coração habita Cristo, no coração *ele anuncia a paz ao seu povo e aos seus santos, e àqueles que se convertem de coração* (Sl 84,9).

2º Sermão

A ordem e o significado da procissão

1. Rendamos graças ao nosso Redentor que com tanta abundância nos muniu com as bênçãos da doçura (cf. Sl 20,4), multiplicando nossas alegrias com os mistérios de sua infância. De fato, tendo celebrado há pouco o seu Natal, a sua Circuncisão e a sua Epifania, resplandece hoje para nós a festa de sua Apresentação.

Na verdade, hoje se oferece ao Criador o sublime fruto da terra (cf. Is 4,2); hoje, a hóstia pacífica e agradável a Deus (cf. Rm 12,1) é oferecida no templo por mãos virginais, é carregada pelos pais e é esperada pelos anciãos. José e Maria oferecem o sacrifício matutino; Simeão e Ana o recebem. Por esses quatro é celebrada a procissão que hoje se recorda nos quatro cantos do mundo com imensas alegrias. Já que, diferente das outras solenidades, nos preparamos para realizar a festiva procissão de hoje, creio que não será inútil examinar atentamente o modo e a ordem dessa procissão.

Caminharemos dois a dois, com as velas nas mãos; velas que não foram acesas num fogo qualquer, mas no fogo que antes foi consagrado na igreja com a bênção do sacerdote. Além disso, nesta nossa procissão os últimos serão os primeiros e os primeiros serão os últimos

(Mt 20,16) e cantaremos nos caminhos do Senhor, porque grande é a glória do Senhor (Sl 137,5).

2. Com razão caminhamos dois a dois, pois os santos Evangelhos testemunham que os discípulos foram enviados pelo Salvador dois a dois (cf. Lc 10,1), como que para recomendar a caridade fraterna e a vida em comum. Se alguém quer caminhar isolado, perturba a procissão e não prejudica somente a si mesmo, mas é molesto também aos outros. Os que se isolam são como animais, que não têm espírito nem são *solícitos em conservar a unidade do espírito pelo vínculo da paz* (Ef 4,3). Ademais, assim como *não é bom que o homem esteja só* (Gn 2,18), da mesma forma é proibido aparecer diante do Senhor com as mãos vazias (cf. Ex 23,15). E mais, se são acusados de ociosidade até aqueles que ninguém contratou (cf. Mt 20,6-7), o que merecerão os que já foram contratados e são encontrados no ócio?

Sem dúvida, *a fé sem obras é morta* (Tg 2,26). Por isso, devemos realizar nossas boas obras com fervor e intensidade de coração, a fim de que sejam lâmpadas acesas em nossas mãos (cf. Lc 12,35). Do contrário, devemos temer que por sermos mornos comece a vomitar-nos de sua boca (cf. Ap 3,16) aquele que no Evangelho diz: *Eu vim trazer fogo à terra; e que quero eu, senão que ele se acenda* (Lc 12,49)?

Verdadeiramente, é sagrado e bendito o fogo que o Pai santificou e enviou ao mundo (cf. Jo 10,36) e que é abençoado nas igrejas, como está escrito: *Bendizei o Senhor Deus nas assembleias* (Sl 67,27). O nosso adversário, o perverso concorrente das obras divinas, também ele tem seu fogo: o fogo da concupiscência carnal, o fogo da inveja e da ambição, o fogo que o nosso Salvador não veio acender, mas apagar. Mas se alguém ousar oferecer este fogo estranho como sacrifício a Deus, mesmo que tenha Aarão por pai, morrerá na sua iniquidade (cf. Jr 31,30; Ex 3,18).

3. Por outro lado, além daquilo que foi dito sobre a vida em comum e o amor fraterno, sobre as boas obras e o santo fervor, nos é sumamente necessária a grande virtude da humildade, que nos faça rivalizar na mútua estima (cf. Rm 12,10), e dar preferência não só aos mais idosos, mas também aos mais jovens; pois esta é, na verdade, a perfeição da humildade e a plenitude da santidade.

E porque *Deus ama a quem dá com alegria* (2Cor 9,7) e o fruto da caridade é a alegria que vem do Espírito Santo (cf. Gl 5,22; Rm 14,17), cantemos, como disse, nos caminhos do Senhor, porque a glória do Senhor é grande (cf. Sl 137,5); cantemos ao Senhor um canto novo, porque ele operou maravilhas (cf. Sl 97,1).

Se em tudo isso alguém não se esforçar por progredir e caminhar de virtude em virtude (cf. Sl 83,8), quem quer que seja, saiba que está parado, que não está na procissão, e, até, está retrocedendo, porque não progredir no caminho da vida significa regredir, já que não se pode ficar no mesmo estado. Todavia, como me recordo de haver dito muitas vezes, o nosso progresso consiste em não julgar que tenhamos alcançado a meta, mas em avançar para as coisas que estão pela frente (cf. Fl 3,13), em esforçar-nos sem cessar para o melhor, colocando as nossas misérias diante dos olhos da divina misericórdia.

3º Sermão

O preceito de Moisés e a oferta do sacrifício matutino

1. Hoje celebramos a Purificação da Bem-aventurada Virgem Maria[24], realizada segundo a lei de Moisés, quarenta dias após o nascimento do Senhor (cf. Lc 2,22). De fato, na lei estava escrito que se uma mulher, após receber o sêmen, desse à luz um menino, ficava impura por sete dias e, no oitavo dia, o menino devia ser circuncidado. Depois, dedicando-se às abluções e à purificação, a mulher se absteria de entrar no templo por 33 dias, passados os quais, ela ofereceria o filho ao Senhor, junto com alguns dons (cf. Lv 12,2-6).

Mas quem não percebe, ao ler apenas o início dessa ordem, que a Mãe do Senhor estava dispensada desse preceito? Pensas que Moisés, ao dizer que se uma mulher desse à luz um filho se tornava impura, não tenha tido medo de incorrer em crime de blasfêmia contra a Mãe do Senhor, e por isso se preocupou em dizer antes "após receber o sêmen"? Mas se ele não tivesse previsto que a Virgem teria dado à luz

---

24. É o título que a festa do dia 2 de fevereiro tinha na Idade Média e até tempos recentes. Com a reforma litúrgica ordenada pelo Concílio Vaticano II, a festa passou a chamar-se *Apresentação do Senhor*.

sem receber o sêmen, que necessidade haveria de fazer menção ao sêmen recebido?

Fica claro, pois, que esta lei não inclui a Mãe do Senhor, que deu à luz sem receber o sêmen, como havia sido predito pelo Profeta Jeremias, ao dizer que o Senhor criaria uma coisa nova sobre a terra. Perguntas qual é a novidade? *Uma mulher envolverá um homem* (Jr 31,22). Não receberá um homem de outro homem, não conceberá um homem segundo a lei humana, mas fechará um homem em seu seio intato e íntegro, de forma que, como diz outro profeta, a porta que olha para o oriente permanece fechada, embora por ela tenha entrado e saído o Senhor (cf. Ez 44,2).

2. Pensas, por isso, que o ânimo de Maria não poderia ser provocado e dizer: "Que necessidade tenho de purificação? Por que me absterei de entrar no templo, se meu seio, que não conhece varão, se tornou templo do Espírito Santo? E por que não entrarei no templo, se dei à luz o Senhor do templo? Nesta concepção e neste parto nada há de impuro, de ilícito, ou que deva ser purificado; antes, este filho é a fonte da pureza e veio para purificar dos pecados. Como pode purificar-me a observância da lei, se em virtude do próprio parto imaculado tornei-me puríssima?"

É verdade, ó Bem-aventurada Virgem. Verdadeiramente não tens motivo, não tens necessidade de purificação. Mas teu filho, tinha ele necessidade de circuncisão? Portanto, sê entre as mulheres como uma delas, pois também teu filho é assim entre os meninos. Ele quis ser circuncidado e, muito mais, não quis ser oferecido? Oferece o filho, ó Virgem santa, e apresenta ao Senhor o bendito fruto do teu ventre (cf. Lc 1,42). Oferece a hóstia santa e agradável a Deus (cf. Rm 12,1) para a reconciliação de nós todos. Deus Pai certamente aceitará a nova oblação e a hóstia preciosíssima da qual ele mesmo diz: *Este é meu Filho amado, no qual ponho a minha afeição* (Mt 3,17).

Mas esta oferta parece muito delicada, meus irmãos, pois é só apresentada ao Senhor, resgatada com aves e imediatamente levada de volta (cf. Lc 2,22.24.39). Virá o dia em que não será oferecida no templo, nem entre os braços de Simeão, mas fora da cidade, entre os braços da cruz. Virá o dia em que não será resgatada pelo sangue de outro, mas redimirá os outros por seu próprio sangue (cf. Ap 5,9), porque Deus Pai o enviou para a redenção do seu povo (cf. Sl 110,9). Aquele será o sacrifício vespertino, este, o sacrifício matutino (cf. 2Rs 16,15); este mais alegre, aquele mais completo; este aconteceu no tempo do nascimento, aquele, na plenitude da idade (cf. Ef 4,13). De ambos, porém, pode-se afirmar o que predisse o Profeta: *Foi oferecido, porque ele mesmo quis* (Is 53,7). Pois, também agora ele é oferecido não porque teve necessidade, não porque fosse obrigado por lei, mas porque quis; e na cruz foi oferecido não porque os judeus prevaleceram, não porque ele mereceu, mas porque ele quis.

Oferecer-te-ei um sacrifício voluntário (Sl 53,8), Senhor, porque voluntariamente te ofereceste por minha salvação e não por tua necessidade.

3. Mas nós, irmãos, o que lhe ofereceremos, ou o que lhe retribuiremos por todos os benefícios que ele

nos fez (cf. Sl 115,12)? Por nós ele ofereceu a hóstia mais preciosa que tinha; e até a mais preciosa que existe. Portanto, façamos também nós o que podemos, ofereçamos-lhe o que temos de melhor, isto é, a nós mesmos. Ele se ofereceu a si mesmo (cf. Hb 9,14); e tu, quem és para demorares a te oferecer?

Quem me ajudará a conseguir que tão grande majestade aceite a minha oferta? Senhor, tenho duas coisas pequenas: o corpo e a alma. Queira Deus que eu, dignamente, possa fazer delas um sacrifício de louvor! Para mim é bom, muito mais útil e glorioso, que eu me ofereça a ti, e não me abandone a mim mesmo, porque dentro de mim mesmo está conturbada a minha alma (cf. Sl 41,7).

Irmãos, os judeus ofereciam vítimas mortas ao Senhor que haveria de morrer; mas agora, *juro por minha vida, diz o Senhor: Não quero a morte do pecador, mas que se converta e viva* (Ez 33,11). O Senhor não quer a minha morte; e eu não lhe ofereço, de boa vontade, a minha vida? Pois esta é a hóstia que aplaca, a hóstia agradável a Deus, a hóstia viva (cf. Rm 12,1).

Lê-se, porém, que naquela oferta havia três [pessoas]; também nesta há três coisas que o Senhor exige. Naquela, havia José, esposo da Mãe do Senhor, que era considerado seu filho (cf. Lc 3,23); havia também a Virgem Mãe e o menino Jesus, que era oferecido.

Portanto, também na nossa oferta não falte a constância viril, a continência da carne, a consciência humilde. Repito: haja espírito viril no propósito de perseverança, haja castidade virginal na continência e haja simplicidade e humildade de menino na consciência.

Sermão 51[25]

Quem carregou Cristo, a purificação de Maria e a circuncisão de Cristo

Por que dizemos que Maria foi purificada? E por que dizemos que o próprio Jesus foi circuncidado? Com efeito, Maria não precisava ser purificada, como Jesus não precisava ser circuncidado (cf. Lc 2,21-22). Portanto, é para nós que ele é circuncidado e ela é purificada, para dar um exemplo aos penitentes; para que, afastando-nos dos vícios, primeiro sejamos circuncidados pela continência e, depois, sejamos purificados das culpas cometidas por meio da penitência.

E o que significa que Maria carrega Jesus no seio, José o carrega sobre os ombros, indo e regressando do Egito (cf. Mt 2,13-21) e Simeão o carrega nos braços (cf. Lc 2,28)? Eles simbolizam três categorias de eleitos: Maria, os pregadores; José, os penitentes; Simeão, os que fazem boas obras.

Pois aquele que evangeliza como que carrega Jesus no seio a fim de dá-lo à luz aos outros, ou melhor, a fim de dar à luz os outros para ele. Um deles era São Paulo,

---

25. Este Sermão, nº 51 na edição crítica das Obras de São Bernardo – cf. VI/1, p. 273-274 –, está entre os "*De diversis*", mas liga-se estreitamente aos precedentes sobre a Purificação.

que dizia: *Filhinhos meus, sofro novamente as dores do parto até ver Cristo formado em vós* (Gl 4,19)!

Todavia, aqueles que enfrentam fadigas por amor a Cristo, que sofrem perseguições (cf. Mt 5,10), que não fazem mal a ninguém, mas suportam com paciência aquilo que lhes é feito pelos outros, deles justamente se diz que carregam Cristo sobre os ombros; e a eles, a própria Verdade diz: *Se alguém quiser vir após mim, renuncie a si mesmo, tome a sua cruz e me siga* (Mt 16,24).

Por fim, se alguém der de comer a quem tem fome, de beber a quem tem sede e, com solicitude, cumprir as outras obras de misericórdia em favor dos necessitados, não parece que justamente carrega Cristo nos braços? A ele o Senhor dirá no dia do juízo: *Todas as vezes que o fizestes a um destes meus irmãos menores, a mim o fizestes* (Mt 25,40).

Sermão 52[26]

Santa Maria

1. *A sabedoria edificou para si uma casa* etc. (Pr 9,1).

Já que por sabedoria se entendem muitas coisas, deve-se perguntar qual foi a sabedoria que edificou uma casa para si. De fato, fala-se de *sabedoria da carne*, que *é inimiga de Deus* (Rm 8,7), e de *sabedoria deste mundo*, que *é loucura diante de Deus* (1Cor 3,19). Ambas, segundo o Apóstolo Tiago, são *terrenas, carnais e diabólicas* (Tg 3,15). Segundo esta sabedoria, são chamados de sábios os que fazem o mal e não sabem fazer o bem (cf. Jr 4,22), mas são acusados e perdidos por sua própria sabedoria, como está escrito: *Eu apanharei os sábios na sua própria astúcia* (1Cor 3,19), e *destruirei a sabedoria dos sábios e reprovarei a prudência dos prudentes* (1Cor 1,19). A esta categoria de sábios, creio que se adaptem muito bem as palavras de Salomão, que diz: Existe um mal que vi sob o sol, um homem que crê ser sábio a seus próprios olhos[27]. Nenhuma destas sabe-

---
26. Na edição crítica das Obras de São Bernardo, também este Sermão está entre os *"De diversis"* – cf. VI/1, p. 274-277 –, com o número 52. Ali, é simplesmente intitulado de *Santa Maria*, embora alguns códices o relacionem na *Purificação de Santa Maria*.
27. Eis uma citação que parece literal, mas não é; assim como está redigida esta frase não existe na Bíblia. O sentido, entre outros lugares, está claro em Pr 3,7; 26,12; por isso, ele diz que se trata de uma palavra de Salomão.

dorias, seja da carne, seja do mundo, edifica; elas até destroem a casa em que habitam.

Mas existe uma outra *sabedoria, que vem do alto, primeiramente é pura, depois pacífica* (Tg 3,17); esta é Cristo, *força de Deus e sabedoria de Deus* (1Cor 1,24), do qual o Apóstolo escreve: *Por obra de Deus, tornou--se para nós sabedoria, justiça, santificação e redenção* (1Cor 1,30).

2. Esta Sabedoria, pois, que era de Deus e era Deus (cf. Jo 1,1), vinda do seio do Pai até nós, *edificou para si uma casa*, isto é, sua mãe, a Virgem Maria, na qual *talhou sete colunas* (Pr 9,1).

O que significa talhar nela sete colunas, senão preparar nela com a fé e com as obras uma digna morada? Na verdade o número três se refere à fé na santa Trindade, e o número quatro pertence à prática das quatro virtudes principais.

Que na Bem-aventurada Maria estivesse a santa Trindade – quer dizer, que existisse pela presença da majestade – onde somente o Filho estava presente por haver assumido a natureza humana, afirma-o o Mensageiro celeste, que, revelando-lhe os mistérios escondidos, diz: *O Espírito Santo descerá sobre ti e o poder do Altíssimo te cobrirá com a sua sombra* (Lc 1,35). Eis que tens o Altíssimo, tens o poder, tens o Espírito Santo, isto é, tens o Pai e o Filho e o Espírito Santo. Pois não pode estar o Pai sem o Filho, ou o Filho sem o Pai, nem o Espírito Santo sem os dois, já que procede de ambos, como ensina o Filho: *Eu estou no Pai e o Pai está em mim*, e ainda: *o Pai, que está em mim, esse é que faz as obras* (Jo 14,10). É claro, portanto, que no coração da Virgem estava a fé na santa Trindade.

3. Todavia, parece digno de exame também o fato de Maria possuir, como quatro colunas, as quatro virtudes principais. Em primeiro lugar, pois, vejamos se possuía a fortaleza. Na verdade, como poderia faltar essa virtude àquela que, abandonadas as vaidades do mundo e desprezados os prazeres da carne, se propôs viver só para Deus na virgindade? Se não me engano, esta é a Virgem da qual se lê em Salomão: *Quem achará uma mulher forte? Seu valor excede tudo o que vem de longe e dos últimos confins da terra* (Pr 31,10). De fato, foi tão forte que esmagou a cabeça da serpente, à qual o Senhor disse: *Porei inimizades entre ti e a mulher, entre a tua descendência e a descendência dela. Ela te esmagará a cabeça* (Gn 3,15).

Depois, que Maria fosse temperante, prudente e justa, o sabemos de modo claríssimo da palavra do anjo e de sua resposta. Saudada pelo anjo com tanta veneração: *Deus te salve, cheia de graça, o Senhor é contigo* (Lc 1,28), ela não se envaideceu por ser abençoada com o singular privilégio da graça, mas permaneceu em silêncio, e pensava consigo mesma sobre o significado de tão insólita saudação (cf. Lc 1,29). Com isso, não se mostrou ela temperante? Além disso, quando era instruída sobre os mistérios celestes pelo mesmo anjo, cuidadosamente perguntou como haveria de conceber e dar à luz, porque absolutamente não conhecia varão (cf. Lc 1,34); e nisso, sem dúvida, se mostrou prudente. Enfim, dá uma especial prova de justiça quando se declara serva do Senhor (cf. Lc 1,38). Pois, qual seja a confissão dos justos afirma-o aquele que diz: *Na verdade, os justos glorificarão o teu nome, e os retos habitarão na tua presença* (Sl 139,14). E em outro lugar se diz dos justos: *E direis assim em seu louvor: Todas as obras do Senhor são muito boas* (Eclo 39,20-21).

4. Portanto, a Bem-aventurada Virgem Maria foi forte no propósito, temperante no silêncio, prudente no perguntar, justa no reconhecimento [da grandeza de Deus]. Com estas quatro colunas morais e com as supracitadas três colunas da fé, a Sabedoria divina construiu nela uma casa para si, e encheu sua alma de tal forma que de sua plenitude foi fecundada também a carne. E assim, por uma graça singular, a Virgem deu à luz na carne a própria Sabedoria divina, que antes ela havia concebido na sua alma pura.

Também nós, se quisermos nos tornar a casa da mesma divina Sabedoria, devemos erguer-lhe as mesmas sete colunas, isto é, devemos preparar-nos para ela com a fé e com os costumes. Para os costumes, creio que basta apenas a justiça, mas rodeada pelas outras virtudes. Por isso, para não cair no erro da ignorância, seja precedida da prudência e, para não se desviar constantemente nem para a direita nem para a esquerda, acompanhada da temperança e da fortaleza.

5

Na Assunção da Bem-aventurada Maria

(SBO, vol. V, p. 228-261)

1º Sermão

A dúplice assunção

1. Subindo hoje gloriosamente aos céus, sem dúvida, a Virgem aumentou grandemente a alegria dos cidadãos do paraíso. Pois é ela que, apenas com a sua saudação, faz estremecer de alegria até aqueles que ainda estão reclusos no seio materno (cf. Lc 1,41-44). Se a alma de uma criança ainda não nascida se comoveu quando Maria falou, pensemos qual terá sido o júbilo dos habitantes do céu ao ouvir sua voz, ver sua face e gozar de sua beata presença. Mas nós, caríssimos, que ocasião de festa, que motivo de alegria, que matéria de júbilo podemos encontrar na solenidade de sua Assunção? Todo o universo resplandecia com a presença de Maria. Tanto que a própria pátria celeste brilha ainda mais luminosa com o fulgor irradiado por essa lâmpada virginal.

Com razão, pois, ressoam no céu *a ação de graças e a voz do louvor* (Is 51,3). Mas não parece que temos mais motivo de chorar do que de exultar? Pois, quanto mais os céus exultam por sua presença, como consequência, tanto mais chora o nosso mundo cá embaixo por sua ausência. Contudo, deixemos de nos lamentar, porque também nós não temos aqui cidade permanente (cf. Hb 13,14), mas tendemos para aquela à qual a Bem-aventurada Maria chegou hoje. Se somos cidadãos dessa pátria, é certamente justo que, mesmo no exílio, junto aos rios da Babilônia (cf. Sl 136,1), nos recordemos, participemos do júbilo, gozemos da alegria, sobretudo daquela que hoje, com tão esfuziante enlevo, alegra a cidade de Deus (cf. Sl 45,5), para que também nós sintamos o orvalho que goteja sobre a terra (cf. Sl 71,6).

A nossa rainha nos precedeu; nos precedeu e foi recebida com tanta glória que, com confiança, os servos podem seguir a Senhora, exclamando: *Leva-nos contigo; correremos atrás do cheiro dos teus perfumes* (Ct 1,3).

Nossa peregrinação enviou à frente uma advogada que, como mãe do juiz e mãe da misericórdia, tratará humilde e eficazmente dos interesses de nossa salvação.

2. Hoje, a nossa terra enviou ao céu um dom precioso, para que dando e recebendo, numa feliz aliança de amizade, o humano se una ao divino, o terreno ao celeste, o ínfimo ao altíssimo. Pois o sublime fruto da terra (cf. Is 4,2) subiu para o local de onde desce toda a dádiva excelente e todo o dom perfeito (cf. Tg 1,17). Portanto, subindo para o alto, a Bem-aventurada Virgem também distribuirá dons aos homens (cf. Ef 4,8). E por que não os distribuiria? Não lhe faltaria o poder nem a vontade: é a rainha do céu, é misericordiosa e, além disso, é a Mãe do unigênito Filho de Deus. Portanto, nada mais do que isso pode confirmar a grandeza do seu poder e da sua piedade; a menos que alguém não queira crer que o Filho de Deus honre a sua Mãe, ou ouse duvidar que estejam repletas de amor as entranhas de Maria, nas quais repousou corporalmente, por nove meses, a Caridade que vem de Deus.

3. E essas coisas eu poderia dizer para nós, irmãos, sabendo que é difícil, em toda a nossa pobreza, encontrar a caridade perfeita que não busca os seus próprios interesses (cf. 1Cor 13,5). Todavia, por ora não falarei dos benefícios que conseguimos por sua glorificação, porque, se a amamos, nos alegraremos também que ela retorne ao Filho. Exatamente isso: congratulamo-nos com ela, a não ser que – livre-nos Deus! – queiramos mostrar-nos ingratos com aquela que encontrou toda a graça.

Hoje, ao entrar na cidade santa, foi recebida por aquele que outrora ela recebera quando ele entrou neste mundo. Mas imaginas com quanta honra, com quanta exultação, com quanta glória? No mundo não existe lugar mais digno do que o templo do seio virginal no qual Maria recebeu o Filho de Deus; e no céu, nada mais digno do que o trono sobre o qual o Filho de Maria elevou a Maria.

Na verdade, ambos os acolhimentos são felizes, ambos inefáveis, porque ambos inimagináveis. Afinal, por que se lê hoje nas igrejas de Cristo aquele trecho evangélico no qual se narra que a mulher bendita entre todas as mulheres recebeu em seu seio o Salvador?[28] Creio que o acolhimento que celebramos receba o valor do outro acolhimento, e até, por causa da inestimável

---

28. Talvez este sermão tenha sido pronunciado na Vigília da festa da Assunção, que antigamente existia. Então, lia-se o Evangelho da mulher que do meio da multidão exclamava: *Feliz o ventre que te trouxe e os seios que te amamentaram* (Lc 11,27-28). Também porque, ao final, Bernardo lembra que "amanhã", ao se reencontrarem, ele haveria de continuar a refletir sobre o Evangelho de Marta e Maria (Lc 10,38-42) antigamente lido na Festa da Assunção. Com as várias reformas litúrgicas todas essas leituras mudaram.

glória daquele [acolhimento], se reconhece que este [acolhimento] também é inestimável. Pois quem, mesmo que falasse as línguas dos homens e dos anjos (cf. 1Cor 13,1), poderia explicar como, por intervenção do Espírito e pela força operante do Altíssimo (cf. Lc 1,35), o Verbo de Deus, pelo qual foram feitas todas as coisas, se fez carne (cf. Jo 1,3.14), e o Senhor de majestade, que toda a criação não pode conter, ao se fazer homem, encerrou-se no seio virginal [de Maria]?

4. Mas quem conseguiria imaginar também a glória que hoje cerca a Rainha do mundo, a afetuosa devoção com que a multidão das legiões celestes lhe vai ao encontro, os cantos com os quais ela é acompanhada ao trono de glória, o aspecto de paz, a face serena e os abraços divinos com os quais ela é recebida pelo Filho, exaltada sobre todas as criaturas com a honra de que tal mãe é digna e com a mesma glória que só o Filho mereceu? Seguramente eram beijos de completa felicidade os beijos impressos pelos lábios da criança que a Mãe acariciava no seu seio virginal! E não consideraremos beijos de ainda maior felicidade aqueles que ela recebeu hoje da boca daquele que está sentado à direita do Pai, nesse feliz encontro em que ela, subindo ao trono da glória, cantava o canto nupcial, dizendo: *Receba eu um beijo de sua boca* (Ct 1,1)? Quem poderá narrar a concepção de Cristo e a assunção de Maria? Pois quanto mais graças do que os outros ela recebeu na terra, tanto mais singular é a glória que obteve nos céus. Porque se *o olho não viu, o ouvido não ouviu, nem entrou no coração do homem o que Deus preparou para aqueles que o amam* (1Cor 2,9), quem

poderá dizer o que ele preparou para aquela que o gerou e que – todos o admitem – o amou mais do que todos?

Realmente, Maria é feliz, e feliz por muitos motivos: seja quando acolhe o Salvador, seja quando é acolhida pelo Salvador. Em ambos os casos é admirável a dignidade da Virgem Mãe, em ambos os casos devemos reconhecer a complacência da majestade [divina].

Diz [o Evangelho] que Jesus *entrou num certo povoado e uma mulher o recebeu em sua casa* (Lc 10,38). Mas devemos aguardar mais louvores, porque este dia é reservado a expressões festivas. Já que as palavras desta leitura nos oferecem abundante matéria de reflexão, também amanhã, quando voltarmos a nos encontrar, comunicaremos, de boa vontade, o que nos será inspirado do alto, para que, ao fazer a memória de uma Virgem tão excelsa, não só despertemos em nós o afeto da devoção, mas também melhoremos os nossos costumes em benefício da nossa vida comunitária, para o louvor e a glória do seu Filho, nosso Senhor, *que está sobre todas as coisas, Deus bendito por todos os séculos* (Rm 9,5).

2º Sermão

A casa que deve ser limpa, ornada, enchida

1. *Jesus entrou num certo povoado* (Lc 10,38). Penso que seja muito oportuno recordar a exclamação do Profeta: *Ó Israel, quão grande é a casa do Senhor e quão extensa a área de seu domínio* (Br 3,24)!

E não será grande se, ao ser comparada, se diz que a extensão vastíssima desta terra é um povoado? E não será uma pátria imensa, uma região sem limites, aquela da qual vem o Salvador, se, quando entra no nosso mundo, se diz que entrou num povoado? A não ser que por "*castellum*"[29] alguém entenda a casa de um forte armado, o príncipe deste mundo, cujos bens são saqueados pelo mais forte que sobrevém (cf. Lc 11,21-22; Mc 3,27; Mt 12,29).

Apressemo-nos, pois, irmãos, a entrar naquele espaço de felicidade (cf. Hb 4,11), onde um não comprime

---

29. Aqui Bernardo joga com o termo latino *castellum, i*, que em português pode ter significados diferentes: castelo, palácio, fortaleza, fortificação, casa, povoado, aldeia, vilarejo, reduto, asilo, refúgio etc., dependendo do contexto da frase. Embora o original use sempre a mesma palavra, optamos por traduzi-la pelo termo que mais conviesse à ocasião. Com isso, ganhamos na clareza e lógica do texto, mas perdemos no estilo: não aparece o jogo de palavras que torna tão gracioso o estilo literário de São Bernardo.

o outro, para que com todos os santos possamos compreender-lhe a largura e o comprimento, a altura e a profundidade (Ef 3,18). E não desesperemos, pois o próprio habitante da pátria celeste, e também seu criador, não recusou a pequenez do nosso modesto povoado.

2. Mas por que dizemos que ele entrou num povoado? Antes, ele entrou no estreitíssimo espaço de um seio virginal. Por fim, *uma mulher o recebeu em sua casa* (Lc 10,38). Mulher feliz, que mereceu acolher não os exploradores de Jericó (cf. Js 2,1), mas o fortíssimo vencedor daquele insensato que realmente muda como a Lua (cf. Eclo 27,11); não os embaixadores de Jesus, filho de Nun, mas o verdadeiro Jesus, Filho de Deus. Mulher feliz, repito, cuja casa, depois de ter recebido o Salvador, foi encontrada limpa, mas não vazia (cf. Mt 12,44), a não ser que se considere vazia aquela que o Anjo saúda como cheia de graça (cf. Lc 1,28). E não só isso, mas afirma também que sobre ela haveria de descer o Espírito Santo (cf. Lc 1,35). E para que, senão para enchê-la de forma superabundante? Para que, senão que, já cheia do Espírito Santo que desce sobre ela, pela nova vinda do Espírito Santo ela se tornasse para nós uma supercheia doadora? Oxalá se espalhem sobre nós os aromas das graças (cf. Ct 4,16)! Oxalá todos participemos de tanta plenitude (cf. Jo 1,16)! Ela é a nossa medianeira, é por ela que recebemos a tua misericórdia, ó Deus (cf. Sl 47,10); é por meio dela que também nós podemos acolher em nossas casas o Senhor Jesus. Pois para cada um de nós existe uma fortificação e uma casa; a Sabedoria bate à porta de cada um:

se alguém abre, entrará e ceará com ele (cf. Ap 3,20). Existe um provérbio popular, que está na boca de muitos e mais ainda no coração, que diz: Protege uma boa fortaleza quem protege o seu corpo. O sábio, porém, não diz assim, mas: *Guarda teu coração com toda a cautela, porque dele procede a vida* (Pr 4,23).

3. Todavia, com os muitos [do dito popular] digamos também nós: Protege uma boa fortaleza quem protege o seu corpo. Sem dúvida deve-se perguntar que tipo de proteção é preciso dar a esta fortaleza.

Pensas que uma alma protege corretamente a fortaleza do seu corpo, se seus membros, como numa conjuração, entregaram o domínio ao seu inimigo? Porque existem aqueles que fizeram aliança com a morte, selaram um pacto com o inferno (cf. Is 28,15). Diz [a Escritura]: *O amado engordou e deu coices: tendo-se tornado gordo, cheio e grosso* (Dt 32,15). Esta é a proteção louvada pelos pecadores nos desejos de sua carne.

Que vos parece, irmãos? Será que também neste ponto devemos ficar com os muitos? De forma alguma. Antes, perguntemos a Paulo, valoroso condutor da milícia espiritual. Dize-nos, Apóstolo, como é a guarda da tua fortaleza? Responde: *Eu corro, mas não sem direção; eu luto, mas não como quem dá socos no ar. Porém castigo o meu corpo e o reduzo à escravidão, para que não suceda que, tendo pregado aos outros, eu mesmo venha a ser reprovado* (1Cor 9,26-27). Em outra passagem diz: *O pecado já não reine em vosso corpo mortal, fazendo--vos obedecer aos seus desejos* (Rm 6,12).

Realmente, esta é uma proteção útil, e feliz a alma que protege seu corpo de tal forma que o inimigo jamais o vença. Pois houve um tempo em que o ímpio inimigo submeteu a minha fortaleza à sua tirania, dominando sobre todos os meus membros. Quanto mal tenha causado naquele tempo, o mostram ainda hoje a minha desolação e a minha miséria. Ai de mim! Não poupou nele nem o muro da continência nem o contraforte da paciência. Exterminou as vinhas, destruiu as messes, arrancou as árvores: até este meu olho saqueava a minha alma. Por fim, *se o Senhor não me tivesse socorrido, por pouco o inferno não seria a minha morada* (Sl 93,17). Refiro-me ao inferno inferior[30], onde não existe nenhum arrependimento e donde ninguém pode sair.

4. Aliás, também naquela época não faltava à alma nem o cárcere nem o inferno. De fato, acorrentada desde o princípio pela conjuração e pela pior traição, [a alma] permaneceu encarcerada não em outro lugar, mas na própria casa, entregue não a carrascos estranhos, mas aos da própria família. Porque o cárcere era a própria consciência e os carrascos, a razão e a memória; carrascos cruéis, duros e impiedosos, mas não tanto quanto aqueles que rugiam, preparados para a devorar (cf. Eclo 51,4), aos quais estava prestes a ser entregue.

Mas bendito seja Deus que não me entregou como presa de seus dentes (cf. Sl 123,6). Repito, bendito seja

---

30. "Inferno" aqui tem o sentido mitológico de lugar subterrâneo onde habitavam as almas dos mortos e não de lugar ou situação pessoal em que se encontram os que morrem em pecado mortal, segundo a doutrina cristã.

o Senhor que [me] visitou e resgatou (cf. Lc 1,68). Pois quando o maligno ameaçava entregar a minha alma ao cárcere do inferno e queimar a própria fortaleza com o fogo eterno, como justo castigo aos meus membros infiéis, apareceu o mais forte (cf. Lc 11,22). Jesus entrou na fortaleza, amarrou o forte, tirou-lhe os haveres (cf. Mt 12,29), para que se transformasse em honra aquilo que antes era fonte de vergonha. Arrombou as portas de bronze e quebrou as trancas de ferro (cf. Sl 106,16), libertando o vencido do cárcere e da sombra da morte (cf. Is 42,7). Sua libertação aconteceu na confissão. Esta é a vassoura que, limpando o cárcere e ornando-o com os ramos verdejantes das boas regras de vida, faz dele uma casa.

Portanto, a mulher já tem sua casa, tem onde acolher aquele a quem deve tantos benefícios. Mas ai dela se não quiser recebê-lo, se não o acolher, se não o constranger a ficar em sua casa, porque já se faz tarde (cf. Lc 24,29). Voltando aquele que foi expulso, encontra a casa limpa e ornada, mas desocupada (cf. Mt 12,44).

5. A casa ficará deserta para a mulher (cf. Lc 13,35), porque ela não se preocupou de torná-la digna de hospedar o Salvador. "De que modo?", perguntarás. Pode-se considerar ainda indigna de ser morada da graça e da entrada do Salvador a casa que foi limpa pela confissão dos pecados passados e ornada pela observância das práticas religiosas? É possível, sem dúvida, se tiver sido limpa e, como dissemos, coberta de raminhos verdejantes apenas por fora, mas seu interior estiver cheio de lama. Afinal, quem pensaria que se pode acolher o

Senhor em sepulcros caiados, belos por fora, mas dentro cheios de sujeira e podridão (cf. Mt 23,27)? Pode acontecer que às vezes, contente com as aparências, ele comece a pôr o pé naquela habitação, como que para conceder-lhe a graça inicial de sua visita; mas não fugirá dali imediatamente, cheio de indignação? Não irá embora gritando: *Estou atolado num lodo profundo, e não há nele consistência* (Sl 68,3)? Tem a aparência de virtude, mas faltam-lhe consistência e verdade. Uma aparência superficial de vida não pode consentir o ingresso daquele que tudo penetra e quer morar no íntimo dos corações.

Porque se o espírito de disciplina não habita num corpo claramente escravo dos pecados (cf. Sb 1,5), então [o Senhor] não só se afasta daquele que finge, mas também foge e se desvia dele. Existe algo mais execrável do que o fingimento, pelo qual cortas o pecado exteriormente, sem arrancá-lo no interior? Podes ter certeza de que ele crescerá mais vigoroso, e o inimigo maligno, que foi jogado para fora, entrará com outros sete piores do que ele na casa limpa, mas desocupada (cf. Mt 12,44-45). Pois o cão que volta ao seu vômito (cf. 2Pd 2,22) será muito mais odioso do que antes; assim, por muitas razões tornar-se-á filho do inferno aquele que depois do perdão dos pecados recai novamente na mesma culpa, como *a porca lavada que volta a revolver-se na lama* (2Pd 2,22).

6. Queres ver uma casa limpa, ornada e desocupada? Repara o homem que confessou e renunciou aos pecados manifestos antes de serem examinados em

juízo (cf. 1Tm 5,24), e agora se contenta apenas em observar os mandamentos, com um coração totalmente árido, levado somente pelo costume, exatamente como *a novilha de Efraim, que gosta de pisar a eira* (Os 10,11). Das aparências, que valem bem pouco, não deixa passar um jota ou um ápice (cf. Mt 5,18), mas engole um camelo e coa um mosquito (cf. Mt 23,24). De fato, no coração, é escravo da própria vontade, cultor da avareza, sedento de glória, amante da ambição, fomentando em si todos esses vícios juntos ou um de modo particular. E assim, a iniquidade mente para si mesma, mas *com Deus não se brinca* (Gl 6,7).

Às vezes, verás esse homem tão enfeitado que ilude até a si mesmo, sem se preocupar com o verme que o corrói interiormente. O exterior continua e, assim, pensa ter salvado tudo. *Os estrangeiros consomem o seu vigor, mas ele não se dá conta* (Os 7,9), adverte o Profeta. Ele diz: *Sou rico e de nada tenho falta*, mesmo sendo *pobre, miserável e infeliz* (Ap 3,17). Mas verás que no momento certo o pus que estava escondido na ferida sairá e que a árvore cortada, mas não arrancada, tornar-se-á uma floresta mais densa. Se quisermos afastar esse perigo, é necessário que ponhamos o machado na raiz das árvores, e não nos ramos (cf. Lc 3,9). Que em nós não haja somente o exercício corporal, que é de pouco proveito; mas tenha lugar a piedade, que é útil para tudo (cf. 1Tm 4,8), e o exercício espiritual.

7. *Uma mulher, de nome Marta, o recebeu em sua casa. Ela tinha uma irmã chamada Maria* (Lc 10,38-39). São irmãs e devem habitar sob o mesmo teto. A primeira

ocupa-se dos afazeres domésticos, a segunda está disposta a ouvir a palavra do Senhor (cf. Lc 10,39-40). Marta tem a tarefa de ornar a casa; a Maria compete enchê-la. Por isso, dedica-se ao Senhor, para que a casa não seja vazia. Mas a quem poderemos confiar a limpeza? Porque se encontrássemos também esta pessoa, a casa que acolhe o Salvador seria limpa, ornada e não vazia. Se estiverdes de acordo, demos esta incumbência a Lázaro. Sendo irmão, divide com as irmãs o direito de possuir em comum esta casa. Refiro-me a Lázaro, morto há quatro dias, que a voz de Cristo ressuscitou dos mortos quando já cheirava mal (cf. Jo 11,38-44) e parece ser uma imagem muito apropriada do penitente. Entre, pois, o Salvador e visite com frequência esta casa que o penitente Lázaro limpa, Marta orna e Maria, dedicada à contemplação interior, enche.

8. Talvez alguém mais curioso pergunte por que na presente passagem do Evangelho não se faz nenhuma menção a Lázaro. Realmente, creio que isso não esteja em desacordo com a comparação proposta. De fato, querendo o Espírito Santo que fosse compreendido o simbolismo da casa virginal, com muita oportunidade nada disse sobre a penitência que, certamente, vem depois do mal.

Jamais se diga que nesta casa havia alguma espécie de sujeira que necessitasse a vassoura de Lázaro. Porque, se ela contraiu dos pais a mancha original[31], a

---

31. Neste parágrafo, Bernardo expõe sua opinião sobre a concepção de Maria e que levou a incluí-lo entre os adversários da Imaculada Conceição: Maria teria contraído a culpa original, portanto não seria imaculada desde a conceição, porque, como todos os homens, foi concebida através de um ato sexual de seus pais, o que transmitia o pecado – cf. nota 33, adiante. Mas foi imediatamente purificada pela graça, antes

piedade cristã não nos permite crer que ela tenha sido menos santificada desde o seio materno que a de Jeremias (cf. Jr 1,5), e menos cheia do Espírito Santo que a de João (cf. Lc 1,15) e seu nascimento não tenha sido honrado com louvores festivos. Porque consta, sem sombra de dúvida, que Maria foi purificada da mancha original somente pela graça, assim como a graça lava esta mancha agora somente pelo Batismo, e no passado somente pela pedra da circuncisão[32]. Portanto, se, como a piedade nos leva a crer, Maria não teve pecado pessoal, de forma alguma, seu inocentíssimo coração tinha necessidade de penitência.

Por isso, fique Lázaro entre aqueles que têm necessidade de purificar a própria consciência das obras da morte (cf. Hb 9,14); retire-se entre os feridos que dormem nos sepulcros (cf. Sl 87,6), para que no tálamo virginal se encontrem somente Marta e Maria. Porque ela é a que por três meses ajudou Isabel, grávida e idosa, num serviço humilde, é a que *conservava e meditava no seu coração* (Lc 2,19) tudo o que se dizia do seu Filho.

9. Ninguém se admire, porém, se a mulher que recebe o Senhor em sua casa se chama Marta e não Maria, já que nesta única e suma Maria estão tanto a atividade de Marta quanto a tranquilidade não ociosa de Maria.

---

mesmo do seu nascimento. Os teólogos mais renomados discutiam o assunto e divergiam entre si. Somente em 1854 o Papa Pio IX proclamou o dogma da Imaculada Conceição de Maria.

32. *Pedra da circuncisão* = a faca de pedra usada por Séfora para circuncidar o filho de Moisés (cf. Ex 4,25), ou mais tarde de metal, usada para circuncidar os meninos, rito que simbolizava a aliança de Deus com Abraão (cf. Gn 17,3-14) e a inserção no povo eleito (cf. ainda 1Mc 1,15; 1Cor 7,18).

Pois *toda a glória da filha do rei está no seu interior*, e, todavia, *está vestida de vários tecidos de ouro* (Sl 44,14-15). Não está no número das virgens tolas, pois é uma virgem prudente; tem a lâmpada e no vaso carrega o óleo. Ou esquecestes a parábola evangélica na qual se narra que às virgens tolas se proibiu entrar na sala das núpcias (cf. Mt 25,1-13)? Sua casa, certamente, estava limpa, pois eram virgens; estava ornada, porque todas, tolas e prudentes, haviam ornado suas lâmpadas; mas estava vazia, porque não haviam posto óleo nos seus vasos. Eis por que o Esposo celeste não se digna ser recebido por elas nas suas casas nem as receber nas núpcias.

Isso não acontece com a mulher forte que esmagou a cabeça da serpente. Entre tantas coisas em seu louvor, devemos dizer também que *de noite sua lâmpada não se apagará* (Pr 31,18). Isso é dito para vergonha daquelas tolas que, quando à meia-noite chega o esposo, se lamentam e dizem: *As nossas lâmpadas se apagam* (Mt 25,8).

Avançou, portanto, a Virgem gloriosa, cuja ardentíssima lâmpada foi como um milagre de luz para os próprios anjos que diziam: *Quem é esta que avança como a aurora quando se levanta, formosa como a Lua, brilhante como o Sol* (Ct 6,9)? Mais luminosa que todas brilhava aquela que, preferida a todos os eleitos, seu Filho e Senhor nosso, Jesus Cristo, havia enchido com o óleo da graça.

3º Sermão

Maria, Marta e Lázaro

1. *Jesus entrou num certo povoado e uma mulher, de nome Marta, o recebeu em sua casa* (Lc 10,38). Irmãos, por que se lê que das duas irmãs só uma recebeu o Senhor, e logo aquela que parece menos importante? Afinal, *Maria escolheu a melhor parte* (Lc 1,42), segundo o próprio testemunho daquele que Marta recebeu. Mas parece que Marta é a mais idosa e o início da salvação é marcado mais pela ação do que pela contemplação.

Cristo louva Maria, mas é recebido por Marta. Jacó ama Raquel, mas sem que ele o saiba é substituída por Lia. Quando se queixa da fraude, ouvirá que não é costume casarem-se as mais novas antes das mais velhas (cf. Gn 29,18-26). Se pensarmos que esta casa é de barro (cf. Jó 4,19), facilmente perceberemos que é Marta a receber nela o Senhor, e não Maria. De fato, quando o Apóstolo diz: *Glorificai e trazei a Deus no vosso corpo* (1Cor 6,20), refere-se a Marta e não a Maria. Na verdade, ela se serve do corpo como um instrumento, enquanto para Maria é mais um obstáculo. A Escritura diz que *um corpo corruptível torna pesada a alma, e a tenda terrestre oprime a mente cheia de cuidados* (Sb 9,15). Também aquela que faz muitas coisas?

Portanto, Marta recebe o Salvador em sua casa na terra; Maria, porém, se preocupa como será recebida por ele na casa não construída por mãos humanas, mas na eterna, nos céus (cf. 2Cor 5,1). Todavia, talvez se possa dizer que também ela recebeu o Senhor, mas em espírito, pois *o Senhor é espírito* (2Cor 3,17).

2. *Esta* – não há dúvida que se trata de Marta – *tinha uma irmã chamada Maria que, sentada aos pés do Senhor, escutava a sua palavra* (Lc 10,39). Como vês, ambas receberam o Verbo: a primeira na carne, a segunda na doutrina.

Marta, porém, andava atarefada com o muito serviço. Parou e disse: "Senhor, não te importa que minha irmã me deixe sozinha no serviço" (Lc 10,40)? Crês que na casa em que Cristo foi recebido se ouve a voz da murmuração? Feliz a casa e sempre bem-aventurada a comunidade onde Marta se queixa de Maria! Afinal, seria absolutamente indigno, e até ilícito, Maria competir com Marta. Aliás, onde está escrito que Maria tenha se lamentado porque a irmã a deixou sozinha no atendimento [do Senhor]? Nem por sonho! Jamais quem se dedica a atender a Deus aspirará à tumultuosa vida dos irmãos servidores. Tomara que Marta se julgue sempre insuficiente e menos adaptada e deseje vivamente que se imponha aos outros os trabalhos a ela confiados. Mas Jesus lhe respondeu: *Marta, Marta, andas muito agitada e te preocupas com muitas coisas* (Lc 10,41). Observa o privilégio de Maria, que advogado ela tem para cada causa. O fariseu se indigna (cf. Lc 7,39), a irmã se lamenta, até os discípulos murmuram (cf. Mt 26,8).

Maria sempre se cala e Cristo fala por ela dizendo: *Maria escolheu a melhor parte que não lhe será tirada* (Lc 10,42). É a única coisa necessária; a única que o profeta procurava com tanta diligência e diz: *Uma só coisa pedi ao Senhor, e só esta procuro* (Sl 26,4).

3. Mas o que significa, irmãos, dizer que ela escolheu a melhor parte? Ou então, quando às vezes queremos emitir um juízo sobre a diferença entre ela que serve [e Maria], que sentido tem aquilo que costumamos dizer contra Marta: *É melhor a maldade do homem que a bondade da mulher* (Eclo 42,14)? Como entender também: *Se alguém me servir, meu Pai o honrará* (Jo 12,26), e ainda: *O maior entre vós, seja o vosso servo* (Mt 23,11)? Em resumo, que consolo existe para aquela que trabalha quando se engrandece a parte escolhida pela irmã, como que zombando da sua?

Na minha opinião, das duas, uma: ou se louva Maria por sua escolha, para que todos nós, enquanto nos for possível, escolhamos a mesma parte; ou certamente dizemos que não lhe faltou nem uma nem a outra parte, nem que ela tenha escolhido uma das partes apressadamente, mas que, por obediência ao mestre, estava pronta a assumir as duas. Pois *quem é leal como Davi*, que vai e que vem *sempre submisso às ordens* do rei (cf. 1Sm 22,14)? *O meu coração está preparado*, diz, *o meu coração está preparado* (Sl 56,8), não uma, mas duas vezes, seja para te contemplar, seja para servir o próximo. Esta é indubitavelmente a melhor parte que não será tirada; esta é a melhor atitude que não mudará, onde quer que seja chamada. *Pois quem desempenhar bem seu ministério, alcançará posição de honra* (1Tm 3,13). Talvez terá melhor posição quem se dedicar a Deus, mas a melhor será a daquele que é perfeito em ambos.

Acrescento mais uma coisa, se isso se puder supor de Marta. Não parece que Marta considera ociosa aquela que ela pediu que lhe fosse dada como ajudante? Mas quem acusa de ociosidade a alma dedicada à contemplação é carnal e de forma alguma percebe as coisas do Espírito de Deus (cf. 1Cor 2,14). Recorde-se que a melhor parte é aquela que permanece para sempre. Num certo sentido, não será considerada rude a alma que, totalmente estranha à divina contemplação, entrou num estado em que a contemplação é a obra das obras, a única preocupação, a própria vida?

4. Mas consideremos, irmãos, o modo como a regra da caridade distribuiu estes três ministérios nesta nossa casa: o serviço de Marta, a contemplação de Maria e a penitência de Lázaro. Qualquer alma perfeita possui estas três qualidades ao mesmo tempo. Todavia, parece que cada um tenha uma, de forma que alguns se dedicam à santa contemplação, outros se dedicam ao serviço fraterno, outros ainda refletem na amargura de sua alma os anos passados, como os feridos que dormem nos sepulcros (cf. Sl 87,6).

E é assim mesmo; é necessário que seja assim: que Maria, com devoção e sublimidade, experimente em si o seu Deus; que Marta se doe ao próximo com benevolência e misericórdia; que Lázaro sinta a sua miséria com humildade. Cada um examine a posição em que está.

Se nesta cidade forem encontrados estes três homens, Noé, Daniel e Jó, por sua justiça eles salvariam somente a si próprios, oráculo do Senhor. Não salvariam o filho ou a filha (Ez 14,14.20). Nós não adulamos ninguém; que ninguém se iluda (1Cor 3,18)! De fato, aqueles que não receberam nenhum encargo nem trabalho de administração devem certamente ficar quietos, ou com Maria aos pés de Jesus ou com Lázaro no recinto do sepulcro. Marta não deveria se preocupar com muitas coisas, quando deve ocupar-se de muitos? Tu, porém, que não tens esta preocupação, necessitas de uma destas duas coisas: ou não deves preocupar-te com nada, mas alegrar-te no Senhor; ou se ainda não podes fazer isso, procura não te preocupar com muitas coisas, mas contigo mesmo, como diz o Profeta.

5. Repito, para que ninguém se desculpe alegando ignorância: Irmão, tu que não tens a tarefa de construir ou guiar a arca de Noé no meio das ondas, é preciso que sejas ou o homem dos desejos (cf. Dn 9,23), como Daniel, ou o homem das dores (cf. Is 53,3) que conhece o sofrimento, como o santo Jó. Caso contrário, temo que, sendo morno e nauseante, comece a vomitar-te de sua boca (cf. Ap 3,15-16) aquele que deseja encontrar-te quente na contemplação e ardente no fogo da caridade, ou ao menos frio no conhecimento de ti mesmo e capaz de apagar os dardos inflamados do maligno (cf. Ef 6,16) com a água do arrependimento.

Mas é necessário que também Marta seja admoestada, sobretudo porque dos administradores se exige que sejam fiéis (1Cor 4,2). E será fiel aquele que com pureza de intenção não busca o próprio interesse, mas o de Jesus Cristo (cf. Fl 2,21), e, bem ordenado na sua atividade, não faz a própria vontade, mas a do Senhor.

Mas há alguns cujo olho não é puro (cf. Mt 6,22) e recebem a sua recompensa (cf. Mt 6,2). Outros se deixam levar pelos ímpetos das próprias paixões e assim tudo o que oferecem é impuro (cf. Ag 2,15), porque nas suas ofertas estão seus próprios interesses (cf. Is 58,3).

Ouve agora comigo o poema nupcial, e consideremos como o esposo, quando chama a esposa, não omite nem acrescenta nenhuma destas três coisas: *Levanta-te,* diz, *apressa-te, amiga minha, formosa minha, pomba minha e vem* (Ct 2,10). Ou não é amiga aquela que, dedicada aos interesses do Senhor, está também fielmente pronta a dar sua vida por ele? Pois todas as vezes que ela interrompe seu esforço espiritual em favor de um dos menores dos seus (cf. Mt 25,40) dá-lhe espiritualmente a sua alma! Não é formosa aquela que, contemplando de face descoberta a glória do Senhor, como que pela ação do Espírito do Senhor (cf. 2Cor 3,18) é transformada na mesma imagem de claridade em claridade? Não é uma pomba aquela que chora e geme nas fendas das rochas, nas cavidades dos muros (cf. Ct 2,14), como sepultada sob uma pedra?

6. *Uma mulher, de nome Marta, o recebeu em sua casa.* Ocupam certamente o seu lugar os irmãos servidores que, por fraterna caridade, foram encarregados de vários serviços. Oxalá também eu mereça ser encontrado entre os administradores fiéis! A quem, senão aos superiores, se presidem com digna solicitude, deve-se

aplicar de forma mais conveniente o que diz o Senhor: *Marta, Marta, andas inquieta...?* Ou, quem se preocupa com muitas coisas, senão aquele sobre o qual recaem todas as preocupações, não só as de Maria que contempla, as de Lázaro que faz penitência, mas também as daqueles com os quais divide os trabalhos? Observa a Marta solícita; observa a Marta preocupada com muitas coisas. Recordo o Apóstolo que, admoestando os que presidem a serem solícitos, carrega o cuidado de todas as igrejas. *Quem está enfermo*, diz, *que eu não esteja enfermo? Quem é escandalizado, que eu não me abrase* (2Cor 11,28-29).

Portanto, que Marta receba o Senhor em sua casa, da qual lhe foi confiado o cuidado. Ela é mediadora, para obter a salvação para si e para os seus, para receber a graça, como está escrito: *Recebam os montes a paz para o povo e os outeiros a justiça* (Sl 71,3).

Recebam-na os outros seus colaboradores, cada um segundo o encargo que lhe foi confiado: recebam a Cristo, sirvam a Cristo e o sirvam nos seus membros, nos irmãos enfermos, nos pobres, nos hóspedes e nos peregrinos.

7. Enquanto todos se preocupam com tanto serviço, que Maria veja como se dedica à contemplação, veja *quão suave é o Senhor* (Sl 33,9). Veja, repito, com que devoção, com que serenidade de espírito está sentada aos pés de Jesus e, com o olhar fixo nele, recebe as palavras da sua boca, pois sua face é suave, e doce é a sua palavra. Porque *a graça derramou-se nos seus lábios e é o mais formoso dos filhos dos homens* (cf. Sl 44,3), e até superior a toda a glória dos anjos.

Alegra-te e rende graças, Maria, porque escolheste a melhor parte. Felizes os olhos que veem o que tu vês e os ouvidos que merecem ouvir o que tu ouves (cf. Mt 13,16-17). Verdadeiramente és feliz, porque percebes as veias do murmúrio divino em silêncio, no qual é bom que o homem espere o Senhor (cf. Lm 3,26). Sê simples, não só sem engano e simulação, mas também sem a multiplicidade de ocupações, para que possas conversar com aquele cuja voz é doce e a face, bela (cf. Ct 2,14). Cuida, porém, de uma coisa: não comeces a seguir demais o teu parecer (cf. Rm 14,5), nem queiras considerar-te mais do que é conveniente (cf. Rm 12,3), para que não caias nas trevas enquanto segues a luz (cf. Is 59,10), deixando-te enganar pelo demônio meridiano (cf. Sl 90,6), sobre o qual não é o momento de falar.

Mas Lázaro, aonde foi? *Onde o pusestes* (Jo 11,34)? Falo às irmãs que sepultaram o irmão com a pregação e com o ministério, com o exemplo e com a oração. Portanto, *onde o pusestes*? Está escondido numa cova, jaz sob uma lápide, não é fácil encontrá-lo. Por isso, não é sem sentido reservar o quarto sermão ao que estava morto havia quatro dias, para que, a exemplo do Salvador, ouvindo: *Aquele que amas está doente* (Jo 11,3), por hoje também nós paremos aqui.

4º Sermão

Os quatro dias de Lázaro e o elogio à Virgem

1. É tempo de falar a todos os homens quando a Mãe do Verbo encarnado é elevada ao céu; e a mortal natureza humana não deve cessar os louvores, pois na Virgem só a natureza do homem é exaltada acima dos espíritos imortais.

Mas se a devoção não aceita calar sobre sua glória, a mente estéril não é capaz de conceber e a linguagem inerudita não consegue exprimir nada que seja digno. Por isso, os próprios príncipes da corte celeste, surpresos por tão grande novidade, exclamam cheios de admiração: *Quem é esta, que sobe do deserto inebriada de delícias?* (Ct 8,5).

Como se quisessem dizer mais abertamente: "Quanto é grande e de onde lhe vêm tantas torrentes de delícias, se ela sobe do deserto? Afinal, tais delícias não se encontram nem em nós, que na cidade do Senhor somos alegrados por um rio caudaloso (cf. Sl 45,5) e que, contemplando sua face gloriosa, bebemos as delícias de sua glória (cf. Sl 35,9). Quem é esta, que sob o Sol, onde tudo é cansaço, dor e aflição de espírito (cf. Ecl 1,14; Sl 89,10), sobe cheia de delícias espirituais?"

E não deverei chamar de delícias a honra da virgindade unida ao dom da fecundidade, o ornamento da humildade, o favo que destila a caridade, as entranhas de misericórdia (cf. Lc 1,78), a plenitude da graça e o privilégio de uma glória singular?

Portanto, subindo do deserto, a rainha do mundo apareceu encantadora e suave entre as delícias (cf. Ct 7,6), também para os santos anjos, como canta a Igreja. Todavia, cessem de admirar-se das delícias deste deserto, porque o Senhor espalhou sua bondade e a nossa terra produziu o seu fruto (cf. Sl 84,13). Por que se admiram que da terra deserta Maria suba ao céu repleta de delícias? Admirem-se antes que Cristo tenha descido pobre da plenitude do reino celeste. Realmente, considero milagre muito maior o Filho de Deus se fazer um pouco inferior aos anjos (cf. Hb 2,9), do que a Mãe de Deus ser exaltada acima dos anjos. Pois seu aniquilamento (cf. Fl 2,7) se torna a nossa plenitude e suas humilhações são as alegrias do mundo. Enfim, de rico que era, se fez pobre por nós, para que nos enriquecêssemos por sua pobreza (cf. 2Cor 8,9). E também a ignomínia da cruz se transformou em glória para os que creem (cf. 1Cor 1,18).

2. Agora, porém, aquele que é a nossa Vida dirige-se com pressa para o sepulcro, a fim de retirar aquele que lá estava havia quatro dias, e do qual, se a vossa bondade se lembrar, se deve tratar no sermão de hoje: ele procura Lázaro, para ser procurado e encontrado por Lázaro.

De fato, *o amor consiste nisto: não fomos nós que amamos a Deus, mas foi ele que nos amou primeiro* (1Jo 4,10). Por isso, age, Senhor! Procura aquele que amas (cf. Jo 11,3), para que também ele te procure e te ame. Pergunta onde o puseram (cf. Jo 11,34): ele jaz fechado, amarrado, esmagado. Jaz no cárcere da consciência, está amarrado com as correntes da disciplina, como que esmagado por uma pedra que lhe puseram por cima e oprimido pelo peso da penitência; sobretudo porque agora lhe falta o amor, que é forte como a morte (cf. Ct 8,6), e a caridade, que tudo suporta (cf. 1Cor 13,7); e nisso tudo, *Senhor, ele já cheira mal, pois há quatro dias que está ali* (Jo 11,39).

Creio que muitos já voaram à frente com o pensamento, tentando descobrir a que Lázaro eu pretendo me referir: certamente àquele que, morto há pouco por causa do pecado, derruba a parede para ver as muitas e péssimas abominações (cf. Ez 8,8-9) do seu mau e depravado coração (cf. Jr 17,9) e, como diz outro profeta, entra no rochedo e se esconde no pó, diante do terror do Senhor (cf. Is 2,10).

3. Mas o que significa: *Senhor, ele já cheira mal, pois há quatro dias que está ali*? Talvez alguém não compreenda logo o sentido desse cheiro e desses quatro dias. Penso que o primeiro dia seja o do temor, quando, ao irradiar sua luz nos nossos corações, morremos ao pecado (cf. Rm 6,2) e, em certo sentido, somos sepultados nas nossas consciências. O segundo dia, se não me engano, transcorre no labor do combate. Com efeito, no início da conversão costuma surgir com maior aspereza a tentação do mau costume e mal se consegue inutilizar os dardos inflamados do maligno (cf. Ef 6,16). O terceiro, parece ser o dia da dor: enquanto, na amargura da sua alma (cf. Is 38,15), alguém recorda os anos passados

e procura não tanto evitar o mal futuro quanto chorar as culpas passadas.

Vos admirais que a isso eu tenha chamado de dias? Mas é o que são os da sepultura: dias de nuvens e escuridão, dias de luto e amargura (cf. Sf 1,15).

Segue o dia da vergonha, não diferente dos outros três, quando a pobre alma está como que envolvida por horrível confusão, enquanto reflete muito sobre quais e quantas faltas cometeu e tem diante dos olhos do coração os horrendos fantasmas dos pecados. Nessas condições, a alma não esconde nada, mas julga tudo com severidade, até ao exagero: duro juiz de si mesma não se poupa em nada.

É certamente útil essa aflição e digna de compaixão essa crueldade, porque facilmente atrai a graça divina, visto que é por isso que a alma é estimulada até contra si mesma. No entanto, *Lázaro, vem para fora* (Jo 11,43) porque não podes ficar mais tempo em tanto fedor. A carne que cheira mal está próxima à putrefação, e quem se confunde demais e definha está perto do desespero. Por isso, *Lázaro, vem para fora. Um abismo chama outro abismo* (Sl 41,8): o abismo da luz e da misericórdia chama o abismo da miséria e das trevas. A bondade de Deus é maior que a tua iniquidade e onde o pecado é numeroso, mais abundante ele torna a graça (cf. Rm 5,20). *Lázaro*, diz ele, *vem para fora*. Como se dissesse mais claramente: "Até quando ficarás preso à escuridão da tua consciência? Até quando te atormentarás no teu leito? *Vem para fora*, anda, respira na luz das minhas misericórdias" (cf. Eclo 36,1). Pois é exatamente isso que leste no Profeta: *Para minha glória colocarei um freio em tua boca, a fim de que não pereças* (Is 48,9). Com maior clareza, outro profeta disse de si mesmo: *A minha alma está perturbada dentro em mim; pelo que lembrar-me-ei de ti* (Sl 41,7).

4. Mas o que significam as palavras: *Tirai a pedra* (Jo 11,39), e pouco depois: *Desatai-o* (Jo 11,44)? Será que depois da visita da graça consoladora vai deixar de fazer penitência, *porque está próximo o reino dos céus* (Mt 3,2), ou renunciará à disciplina, para ver se o Senhor se irrita e ele se afasta do caminho reto (cf. Sl 2,12)? Nada disso! Tire-se a pedra, mas continue a penitência: não uma penitência que pesa e oprime, mas que robustece e consolida um espírito vivo e forte; uma penitência, cujo alimento, que antes não conhecia, é fazer a vontade do Senhor (cf. Jo 4,32-34). Dessa forma, a disciplina já não cerceia aquele que está livre, conforme a palavra: *A lei não foi feita para os justos* (1Tm 1,9), mas ela guia e dirige no caminho da paz (cf. Lc 1,79) aquele que a escolhe.

Sobre esta ressurreição de Lázaro mais expressamente canta o profeta: *Não deixarás a minha alma no inferno* (Sl 15,10), porque, como me recordo de haver dito no segundo dia desta festividade, a consciência culpada é como o inferno e o cárcere da alma. *Nem permitirás que o teu santo* – não seu, de si mesmo, mas teu é aquele que tu mesmo santificas – *experimente a corrupção* (Sl 15,10). De fato, estava certamente próximo à corrupção aquele que estava morto havia quatro dias, que já começava a cheirar mal. Já estava para se dissolver completamente e, caindo no abismo do mal (cf. Pr

18,3), o ímpio o teria desprezado; mas despertado pela voz do poder [de Deus] e por ela vivificado, dá graças, dizendo: *Tu me ensinaste o caminho da vida, encher-me--ás de alegria com tua presença* (Sl 15,11).

Chamaste à tua contemplação e *tiraste do inferno a minha alma* (Sl 29,4), enquanto em mim se angustiava o meu espírito (cf. Sl 142,4) ao ver o aspecto tão abominável da própria consciência. Diz: *Bradou em alta voz: Lázaro, vem para fora* (Jo 11,43). Bradou em alta voz, não tanto por causa do sono, mas pela piedade e pela grande potência.

5. Mas aonde fomos parar? Não estávamos seguindo a Virgem que subia aos céus? Em vez disso, descemos para o abismo com Lázaro. Do esplendor do poder o nosso discurso resvalou para o mau cheiro daquele que estava morto havia quatro dias. E por que isso, senão porque éramos levados pelo próprio peso e nos arrastava a matéria, tanto mais abundante quanto mais familiar? Confesso a minha incapacidade e não escondo a minha fraqueza.

Não há nada que mais me alegre e, ao mesmo tempo, mais me atemorize do que falar da glória da Virgem Mãe. De fato, embora deixando de tratar por um momento do inefável privilégio dos seus méritos e de sua prerrogativa absolutamente singular, é tal a afetuosa devoção com a qual todos a cercam, a honram, a recebem – o que é justo – que, embora todos desejem ardentemente falar dela, o que quer que se diga deste indizível assunto, no entanto, exatamente porque dele se pôde dizer alguma coisa, torna-se menos agradável, menos delicioso, menos aceitável.

E por que admirar-se que pouco satisfaz o que a inteligência humana pôde compreender de uma glória incompreensível? Pois se eu louvar a sua virgindade, com ela vêm-me à mente muitas outras virgens. Se eu pregar a sua humildade, encontraremos, talvez poucos, que, à imitação do seu Filho, se fizeram mansos e humildes de coração (cf. Mt 11,29). Se eu quiser exaltar as inumeráveis manifestações de sua misericórdia, existem outros homens, e também mulheres, de misericórdia (cf. Eclo 44,10).

Numa só coisa ela jamais teve alguém semelhante, nem antes nem depois dela: as alegrias da maternidade unidas à honra da virgindade: *Maria escolheu a melhor parte* (Lc 10,42). A melhor, sem dúvida: pois a fecundidade conjugal é boa, a castidade virginal, porém, é melhor; mas a fecundidade virginal ou a virgindade fecunda é absolutamente superior. Este é o privilégio de Maria: não será dado a nenhum outro, porque *não lhe será tirado* (Lc 10,42). Trata-se de um privilégio singular, mas também sempre indizível, a fim de que ninguém possa tê-lo nem falar dele.

E se eu acrescentar de quem ela é mãe? Que língua, mesmo que fosse a língua de um anjo, poderia cantar dignamente os louvores da Virgem Mãe; mãe não de um qualquer, mas de Deus? Dupla novidade, dupla prerrogativa, duplo milagre, mas digna e perfeitamente conveniente: nenhum outro filho conviria à Virgem nem outro nascimento a Deus.

6. Todavia, se prestares bem atenção, descobrirás que não só esta, mas também as outras virtudes, que parecem comuns, em Maria são singulares. Que pureza, inclusive a angélica, pode ser comparada à virgindade que foi digna de se tornar o tabernáculo do Espírito Santo e a morada do Filho de Deus? Se avaliamos a preciosidade de uma coisa por sua raridade, acima de todas está aquela que na terra foi a primeira a querer levar uma vida angélica. Disse: *Como se fará isso, pois eu não conheço varão* (Lc 1,34). Um inamovível propósito de virgindade, que não teve o mínimo titubeio nem diante do anjo que lhe promete um filho. *Como se fará isso?* Certamente, não da forma que costuma acontecer às outras [mulheres]. Absolutamente *não conheço varão*, nem pelo desejo de um filho nem pela esperança de uma descendência.

7. Verdadeiramente, quanta e quão preciosa a virtude da humildade unida a tanta pureza, a tanta inocência, a uma consciência tão imune ao pecado e até a tanta plenitude de graça. Mas, ó Bem-aventurada, de onde te vem a humildade, e tanta humildade? É realmente digna de o Senhor lançar os olhos sobre ela (cf. Lc 1,48), de o Rei cobiçar a sua beleza (cf. Sl 44,12) e de deixar o eterno banquete do seio do Pai, porque atraído por aquele suave perfume.

Vê, pois, como estão perfeitamente de acordo o cântico da nossa Virgem e o poema nupcial, cujo seio foi tálamo do Esposo [divino]. Ouve Maria no Evangelho: *Olhou para a humildade de sua serva* (Lc 1,48). Ouve-a também no poema nupcial: *Estando o Rei no seu divã, o meu nardo exalou o seu perfume* (Ct 1,11).

O nardo é uma planta humilde que purifica o coração; para que fique claro que por nardo se entende a humildade, cujo perfume e cuja beleza encontraram graça diante de Deus (cf. Lc 1,30).

8. Que não fale da tua misericórdia, ó Virgem Bem-aventurada, aquele que te invocou nas suas necessidades e se lembra de não ter sido ouvido. Nós, teus pequenos servos, contigo e para ti gozamos as outras virtudes; porém, gozamos a misericórdia para nós mesmos. Louvamos a virgindade, admiramos a humildade, mas para nós, miseráveis, é mais doce a tua misericórdia; aquela misericórdia que abraçamos com maior comoção, recordamos com maior frequência, invocamos com maior insistência. Afinal, é ela que obteve a redenção do mundo inteiro, que alcançou a salvação de todos.

Sabemos que se mostrou solícita a todo o gênero humano aquela à qual foi dito: *Não temas, Maria, pois encontraste graça* (Lc 1,30), a graça que procuravas. Por isso, ó Bendita, quem poderá investigar o comprimento e a largura, a altura e a profundidade (cf. Ef 3,18) da tua misericórdia? Pois seu comprimento vem em socorro, até o último dia, daqueles que a invocam. Sua largura enche a terra, a fim de que toda a terra esteja cheia da tua misericórdia. Assim a sua altura renovou o esplendor da cidade celeste e sua profundidade obteve a redenção daqueles que jaziam nas trevas e na sombra da morte (cf. Lc 1,79).

Por intermédio de ti, o céu se encheu e o inferno se esvaziou; foram restauradas as ruínas da Jerusalém celeste e os miseráveis que esperavam recobraram a vida perdida.

Assim a potentíssima e piedosíssima caridade se expande no afeto da compaixão, na eficácia do socorro e em ambos é igualmente abundante.

9. Para esta fonte, portanto, corra a nossa alma sedenta; a este tesouro de misericórdia recorra com toda a confiança a nossa miséria.

Ó Virgem bendita, eis que na tua subida ao Filho te acompanhamos com as orações que pudemos e te seguimos, embora de longe (cf. Mt 26,58). Que a tua piedade revele ao mundo a graça que encontraste diante de Deus, obtendo, por tuas santas preces, o perdão para os culpados, a saúde para os doentes, a força para os fracos, o conforto para os aflitos, a ajuda e a liberdade para os que estão em perigo.

Por tua intercessão, ó Rainha clemente, também neste dia de festa e de alegria, Jesus Cristo conceda os dons de sua graça aos teus pobres servos, que com louvor invocam o dulcíssimo nome de Maria; ele que é teu Filho e nosso Senhor, *que acima de tudo é Deus bendito por todos os séculos* (Rm 9,5).

5º Sermão

Sobre o mesmo assunto

1. *Jesus entrou num certo povoado* (Lc 10,38). Aquilo que naquele tempo o Senhor e Salvador nosso se dignou realizar uma vez e num só lugar, realiza-o ainda hoje, de modo invisível, a cada dia e em toda a parte nos corações dos eleitos.

De fato, na leitura do Evangelho ouvimos que Jesus *entrou num certo povoado, e uma mulher, de nome Marta, o recebeu em sua casa*, com aquilo que segue. Mas o que é este castelo (= *castellum*)[33], senão o coração do homem que, antes de o Senhor vir a ele, é cercado pelo valo da cobiça, fechado pelo muro da obstinação, em cujo espaço interno ergue-se a torre de Babel?

Em qualquer fortificação, três coisas são certamente necessárias: víveres, com os quais se nutrir; munições, para se proteger; armas, para resistir aos inimigos. Da mesma forma, os habitantes deste castelo [= o coração do homem] têm alimento: o prazer do corpo e a vaidade do mundo com que se alimentam; têm com que proteger-se: a dureza do próprio coração, a fim de que nunca, ou quase nunca, as potentes flechas da palavra de Deus consigam penetrar; estão munidos de armas: os

---

33. Cf. nota 28, acima, sobre o significado da palavra *castellum*.

argumentos da sabedoria carnal (cf. 2Cor 1,12) com os quais enfrentam os inimigos. Por isso, está escrito: *Os filhos deste século são mais hábeis no trato com os seus semelhantes que os filhos da luz* (Lc 16,8).

2. Mas quando Cristo visita e entra, este castelo é destruído e, em seu lugar, se constrói um novo, belo e espiritual. Assim, cumpre-se o que se diz: *Se alguém está em Cristo, é uma nova criatura; passaram as coisas velhas e tudo se fez novo* (2Cor 5,17).

Removida a cobiça, expande-se a extraordinária capacidade do desejo, de forma que, à sua vinda, a mente anela por coisas celestes mais do que antes se dedicava às terrenas. Imediatamente ergue-se o muro da continência e o contraforte da paciência. Toda esta obra surge sobre o fundamento da fé e, por meio do amor ao próximo, cresce até ao amor de Deus, que está no plano superior e sobre os baluartes do mesmo muro. Isso porque a virtude da continência é perfeita quando, vivendo comunitariamente na unidade da fé com os irmãos, nos abstemos dos pecados, não por medo do castigo ou por desejo de elogio humano, mas pelo único motivo do amor de Deus. Sem dúvida, parece que o amor de Deus, com o qual ele nos ama, está acima do muro, para indicar que ele combate em defesa daquele que se esforça por não pecar; do contrário, sem o socorro da sua graça, não seria possível resistir aos frequentes e fortes assaltos do tentador.

Por isso, constrói-se o contraforte da paciência, a fim de que o diabo não tenha um acesso fácil para combater a continência. Portanto, aqueles que, sob a proteção da paciência, vivem sem cometer pecado, têm razão em afirmar com o Apóstolo e dizer: *Quem nos separará do amor de Cristo? A tribulação, a angústia, a perseguição, a fome, a nudez, o perigo, a espada* (Rm 8,35)? E vê como é sólido o muro dos continentes, que *nem a morte nem a vida nem os anjos nem os principados nem as potestades nem as virtudes nem o presente nem o futuro nem a força nem a altura nem a profundeza, nenhuma outra criatura poderá separar do amor de Deus manifestado em Cristo Jesus* (Rm 8,38-39).

3. Mas já bateremos às suas portas, as portas da justiça (cf. Sl 117,19), para que se abram para nós e, entrando por elas, possamos contemplar *as grandes obras do Senhor, escolhidas segundo os seus desígnios* (Sl 110,2). De fato, por obra sua, ali foi erigida, como sobre o Monte Sião, a torre do Evangelho (cf. Mt 21,33) por meio da qual, com o coração humilhado, os justos sobem do vale do pranto para o céu.

Sobem, repito, não por força própria, mas com o auxílio e a graça de Deus, como diz o Espírito Santo através do Profeta Davi: *Bem-aventurado o homem que de ti espera socorro, e no seu coração decide subir*. Perguntas onde? *No vale do pranto*, isto é, na humildade da vida presente. E recorda a mesma graça quando diz: *Pois o legislador dará a sua bênção*. E até onde chega a subida, ou, que fruto a graça traz para aqueles que sobem, acrescenta imediatamente: *Caminhará de virtude em virtude; o Deus dos deuses será visto em Sião* (Sl 83,6-8).

A visão de Deus é o lucro, o fim e o fruto do nosso trabalho. Incomparavelmente, quem não prefere este fruto a todas as coisas visíveis e invisíveis? Quem tem um coração tão frio que não é aquecido por esse desejo? Esta é a graça que nos é recomendada pelo Evangelista São João, quando diz: *De sua plenitude todos nós recebemos graça sobre graça* (Jo 1,16).

4. Dessas palavras conclui-se que Deus nos concedeu uma tríplice graça: a primeira, pela qual nos convertemos; a segunda pela qual somos ajudados nas tentações; a terceira pela qual somos premiados após a prova. A primeira graça nos encaminha e por ela somos chamados; a segunda, nos faz avançar e por ela somos justificados; a terceira, completa a obra e por ela somos glorificados. E ainda, a primeira é o beneplácito, a segunda, o mérito, a terceira, o prêmio. Da primeira se diz: *De sua plenitude todos nós recebemos*; das outras duas: *graça sobre graça*, ou seja, o prêmio da glória eterna por mérito do combate terreno. Portanto, a primeira graça é representada pelo muro da continência, à qual somos chamados; a segunda, pela escada da torre, através da qual subimos; a terceira, pelo topo, ao qual chegamos. Por isso ali, isto é, nesse topo, quando a ele chegam aqueles que perseveram no bem, estabelecem a habitação e a morada do Senhor, das quais está escrito: *Para lá subiram as tribos, as tribos do Senhor, segundo a ordem dada a Israel, para louvar o nome do Senhor, porque ali se estabeleceram os tribunais da justiça* (Sl 121,4-5).

De fato, enquanto eles estavam no muro da continência e se batiam na luta, podiam ser derrotados e, por isso, desde o início *Deus era conhecido na Judeia* (Sl 75,2) como sua ajuda; mas quando chegaram a esta posição, onde contemplam o Senhor, *grande é o seu nome em Israel. Fixou a sua habitação na paz e a sua morada em Sião. Ali quebrou a força do arco, o escudo, a espada e a guerra* (Sl 75,2-4), porque ali nenhum movimento da carne resiste, mas tudo está completamente sujeito ao espírito. Este é o lugar ardentemente desejado pelo Profeta, quando diz: *Não concederei sono aos meus olhos nem repouso às minhas pálpebras nem sossego às minhas têmporas, até encontrar um lugar para o Senhor* (Sl 131,4-5). E até, desejando voar para esse lugar, diz: *Quem me dará asas, como de pomba, para voar e descansar?* (Sl 54,7).

5. Todavia, se alguém perguntar de que alimento se nutrem os habitantes desse castelo, com que munições se defendem e que armas usam para repelir [o inimigo], podemos razoavelmente responder que assim como os homens carnais se alimentam com as obras da carne, da mesma forma estes se nutrem de um alimento muito melhor, que é o fruto do espírito (cf. Gl 5,19.22). Também para eles fazer a vontade do Pai onipotente é um alimento (cf. Jo 4,34). Seu alimento é a Palavra de Deus, da qual se nutrem todos os santos, tanto os homens quanto os anjos. Por isso está escrito: *Não só de pão vive o homem, mas de toda a palavra que sai da boca de Deus* (Mt 4,4).

Sua defesa, como ficou dito, é o muro da continência e o contraforte da paciência. Contra os inimigos usam as armas descritas pelo Apóstolo: *a couraça da justiça, o escudo da fé, o capacete da salvação e a espada do espírito, que é a palavra de Deus* (Ef 6,14.16.17).

E ninguém deve objetar que eu tenha chamado a mesma palavra de Deus de alimento e de espada, como se isso fosse impossível ou absurdo. Realmente, nas coisas materiais, a espada é uma coisa, o alimento é outra; num lugar se pede isto, em outro lugar, aquilo. Nas coisas espirituais, porém, não existe este ou aquele, nem se procuram aqui ou acolá, mas tudo nos pertence em Deus e *Deus é tudo em todos* (1Cor 15,28).

Na natureza das coisas, o que existe de mais diferente do que o pão e a pedra? E todavia, se lhes dermos um significado místico, os dois têm o mesmo sentido. O próprio Cristo é chamado de pão e de pedra: pão vivo (cf. Jo 6,51) e pedra que os construtores rejeitaram (cf. Sl 117,22). Ambos [os termos], portanto, podem ser usados no seu significado [místico], embora nenhum possa ser usado literalmente.

6. Mas voltemos ao nosso tema. Entrando Jesus nesse povoado [castelo], as duas irmãs Marta e Maria, isto é, a ação e a contemplação, o recebem. Devo dizer que o recebem ou que são recebidas? Como quer que se diga, a vantagem é sempre delas, não de Jesus. Porque chegando até elas, Jesus concede o que convém a cada uma: a força e a sabedoria; a força para a ação e a sabedoria para a contemplação. Por isso, também o Apóstolo ensina que Jesus é *a força de Deus e a sabedoria de Deus* (1Cor 1,24). Mas o que significa que, quando ele entra, Marta o acolhe, conversa com ele e o serve, enquanto Maria, sentada a seus pés, mantém o coração preso às suas palavras, senão que primeiro vem a ação e depois a contemplação? Com efeito, se alguém quer

chegar à contemplação, necessariamente, deve primeiro exercitar-se nas boas obras, como está escrito: *Filho, se desejas a sabedoria, observa os mandamentos, e o Senhor a concederá* (Eclo 1,33), e em outro lugar: *Graças a teus preceitos alcancei entendimento* (Sl 118,104), e *purificando os corações deles pela fé* (At 15,9). Com que fé? Com a fé que age por meio do amor.

Ao agir, Marta é figura de quem age bem; Maria, porém, expressa a imagem da contemplação, quando está sentada, quando permanece em silêncio, quando, apesar de interpelada, não responde, mas, com todo o esforço da mente, aguarda apenas a palavra de Deus e absorve profundamente só a graça do conhecimento divino, recusando qualquer outra coisa, e se torna como que insensível ao que está fora dela, quando interiormente é arrebatada em êxtase na contemplação das alegrias do seu Senhor. Sem dúvida, a ela se aplicam as palavras do Cântico: *Eu durmo, mas meu coração vigia* (Ct 5,2).

7. De duas formas Marta recebe o Senhor e de duas formas lhe prepara a refeição, porque de duas formas o havia rejeitado. De fato, na ação, duas coisas nos tiram o Senhor: a maldade e o crime. Chamamos de maldade o mal que está dentro de nós; de crime aquilo que cometemos contra o próximo. Assim, duas coisas nos restituem Deus, a continência e a bondade, da mesma forma que as doenças são curadas com os remédios contrários. Por isso está escrito: *Assim como pusestes os vossos membros a serviço da impureza e da iniquidade para fazer o mal, assim oferecei-os agora para servirem à justiça, a fim de chegar à santidade* (Rm 6,19).

Portanto, enquanto está ocupada em preparar os alimentos e se aflige muito, Marta quer que também Maria, isto é, o intelecto com todas as suas faculdades interiores, se entregue à ação, dando o seu contributo para a realização da obra. Por isso, queixa-se da irmã que não a ajuda; mas não dirige a queixa a ela, e sim ao Senhor: *Senhor, não te importa que minha irmã me deixe sozinha no serviço? Dize-lhe que me ajude* (Lc 10,40).

Nessa palavra deve-se notar uma certa acusação e também um sinal de respeito pelo Senhor; estando ele presente, Marta não ousou interpelar Maria, mas apresentou a queixa a ele, e o chamou de Senhor, porque ele tinha a autoridade de ordenar à irmã o que fosse necessário.

Não nos admiremos, portanto, se virmos alguém que trabalha e que age bem murmurar contra o irmão que contempla, porque no Evangelho lemos que foi isso que Marta fez contra Maria. Mas em lugar algum se encontra que Maria tenha murmurado contra Marta porque esta queria envolvê-la na ação. Com efeito, não se poderia realizar bem as duas coisas ao mesmo tempo, ou seja, atender aos cuidados externos e dedicar-se aos desejos interiores da sabedoria. Na verdade, da sabedoria está escrito: *o que tem poucas ocupações alcançará a sabedoria* (Eclo 38,25). Por isso Maria está sentada e permanece imóvel; não quer interromper a calma do silêncio, para não perder a doçura inefável da contemplação, sobretudo quando sente dentro de si o Senhor que diz: *Parai, e reconhecei que eu sou Deus* (Sl 45,11).

8. Nesse ponto, devemos observar que são três os impedimentos da contemplação. A inteligência é o olho

da nossa alma. Ora, assim como podemos ver a luz corpórea e todas as coisas materiais pelo olho do corpo, da mesma forma podemos perceber a Deus, que é luz incircunscrita, e todas as coisas invisíveis pelo intelecto. Mas há uma diferença entre o olho exterior e o interior: para que possa ver, o olho exterior precisa da proximidade de uma luz material externa; ao olho interior, porém, é infundida pelo Criador uma luz interior. Todavia, três coisas impedem a ambos os olhos de ver. Por isso, a nossa razão deve tratar primeiramente daquilo que é exterior e visível, a fim de que, partindo das coisas visíveis, com maior facilidade chegue às coisas inteligíveis.

Na verdade, pode acontecer que o olho exterior esteja são e aberto, mas nada possa ver, porque lhe falta a luz externa. Além disso, algumas vezes pode acontecer que a luz existe, mas o olho é perturbado por um coágulo de sangue ou outra infecção, e não possa ver absolutamente nada. Com frequência pode também acontecer que ao olho não falte nada, nem luz nem saúde, mas seja ferido por algum pó que ali penetrou; e com isso a visão seja obnubilada. Portanto, os três obstáculos que impedem este olho de ver são: as trevas, a doença e o pó que penetrou.

Estes são também os impedimentos do olho interior, embora recebam nomes diferentes: o que para um são as trevas, para o outro são os pecados. Os pecados, porém, se ajuntam na memória, como se fosse uma latrina, e esta é a infecção. Porém, aquilo que para um é o pó, para o outro chama-se preocupação com as atividades terrenas. Portanto, os três obstáculos que confundem o olho da inteligência e o excluem da contemplação da verdadeira luz são: as trevas dos pecados, a lembrança dos pecados e a preocupação com as atividades terrenas.

Afetado pelo primeiro mal, o Profeta se lamentava e dizia: *As forças me abandonam e até a luz dos meus olhos se apaga* (Sl 37,11). Com efeito, quando somos abandonados pela luz da justiça, não encontramos mais nada senão as trevas dos nossos pecados.

Depois, sentia-se oprimido pelo segundo [obstáculo] quando dizia: *Eu me revolvia na minha dor, enquanto se me cravava a espinha* (Sl 31,4), ou seja, a lembrança dos pecados.

Enfim, lamenta-se de ser dominado pelo terceiro [obstáculo] quando diz: *Porque eu comia cinza como se fosse pão* (Sl 101,10), ou seja, a cinza da ação em vez do pão da contemplação.

Portanto, quem quiser fixar o olho da mente na contemplação de Deus, em primeiro lugar é preciso que procure purificá-lo desse tríplice obstáculo. E se alguém se esforçar por fazer isso, saiba que para esta tríplice doença existe também um tríplice remédio: a primeira doença se cura com a confissão; a segunda, com a oração; a terceira, com a quietude. No seu propósito, Maria podia ser obstaculada pelo terceiro, ou seja, pela preocupação da atividade. Por isso, já que Marta está servindo, ela se senta e permanece quieta.

9. Diante de uma que se queixa e de outra que se cala, ouçamos o que responderá o Senhor em favor de

Maria. Ele diz: *Marta, Marta, andas muito agitada e te preocupas com muitas coisas* (Lc 10,41). Preocupas-te com muitas coisas, enquanto buscas a continência para ti mesma e preparas o necessário para as necessidades do próximo. Realmente, para teres a continência, és solícita na vigilância, no jejum e na penitência; para seres útil aos outros, entregas-te ao trabalho, para teres com que socorrer a necessidade daquele que sofre. Portanto, preocupas-te com muitas coisas, *entretanto, uma só coisa é necessária* (Lc 10,42). Porque se não realizares o teu trabalho na unidade, ele não será aceito por Deus, que é uno, como ele mesmo testemunha. Pois está escrito: *Não há quem faça o bem, não há um sequer* (Sl 13,3).

Eis por que naquela piscina a água era agitada e só um era curado (cf. Jo 5,4). Eis por que dos dez leprosos curados um *voltou atrás, glorificando a Deus em alta voz* (Lc 17,15). A este, depois de censurar os outros, o Senhor louvou, dizendo: *Não são dez os que foram curados? Os outros nove onde estão? Não se encontrou quem voltasse e desse glória a Deus, senão este estrangeiro* (Lc 17,17-18). Também Paulo diz: *Na verdade, todos correm, mas um só alcança o prêmio* (1Cor 9,24).

Por estas e por muitas outras passagens das santas Escrituras aprendemos claramente que a unidade é recomendável; mas o aprendemos sobretudo da passagem que agora nos ocupa, em que o Senhor diz: *Entretanto, uma só coisa é necessária*.

10. Mas deve-se saber que uma é a unidade dos santos, que deduzimos das Escrituras; outra é a unidade dos maus, que se mostra e se prova pelas mesmas

Escrituras. De fato, desta está escrito: *Os reis da terra sublevaram-se e os príncipes coligaram-se contra o Senhor e contra o seu Cristo* (Sl 2,2). Dela também fala o Evangelista: *Retiraram-se os fariseus e convocaram um conselho para ver como poderiam pegá-lo em alguma palavra* (Mt 22,15), e ainda: *Os pontífices e os fariseus juntaram-se em conselho* (Jo 11,47). E para que isso? Conforme o testemunho de João: *Para matar Jesus* (Jo 11,53). Quão firme seja esta unidade dos maus, afirma-o o próprio Senhor, que, falando ao santo Jó sobre o corpo do diabo, diz: *O seu corpo é como escudos de bronze fundido, ligado por escamas que se apertam. Uma está unida à outra, de sorte que nem o vento passa entre elas; uma adere à outra e, juntas entre si, de maneira nenhuma se separarão* (Jó 41,6-8).

Semelhante unidade, e até perversidade, às vezes, costuma ser a de alguns irmãos que vivem na tibieza e na negligência; e se alguém procura persuadi-los de alguma coisa honesta ou de mais elevado comportamento, reagem com maior dispêndio de energias e até com maior sacrifício do que se aceitassem, com maior proveito, o que é correto. Tal unidade é realmente perversa e abominável.

11. Mas, excluindo esta [unidade má] dos nossos corações e das nossas palavras, fiquemos com aquela que é boa e fonte de todo o bem. Também esta é dupla, já que uma justifica e a outra glorifica. A primeira é mérito, a segunda, prêmio. Por isso, daquela está escrito: *A multidão dos que criam tinha um só coração e uma só alma* (At 4,32); desta, porém: *O que está unido*

ao Senhor é um só espírito com ele (1Cor 6,17). E porque devemos esperá-la mais no futuro – afinal, refere-se mais ao futuro que ao presente –, deixemo-la de lado por ora e esperemos que Deus no-la conceda, em vez de discuti-la. Mas para o nosso agir, tomemos a unidade que justifica, que agora nos é absolutamente necessária. Pois ela é a glória da suavidade, que o Salmista canta com tanta doçura: *Como é bom e agradável os irmãos viverem unidos* (Sl 132,1)!

Depois de haver descrito a beleza dessa unidade, a palavra profética fala também de sua utilidade, dizendo: *Porque o Senhor derramou ali a sua bênção e a vida* (Sl 132,3), isto é, agora a bênção *e no futuro a vida eterna* (Mc 10,30). Esta, repito, é a unidade que o Apóstolo recomenda que se deve conservar com a máxima diligência, quando diz: *Sede solícitos por conservar a unidade do espírito mediante o vínculo da paz* (Ef 4,3).

12. Para aqueles que procuram conservar o bem desta unidade, existem dois modos de fazê-lo. Aquele que é perfeito deve ter a unidade para si mesmo e para o próximo: para si, mediante a integridade; para o próximo, através da conformidade. Toda a criatura, sobretudo a racional, deve imitar o seu criador. Por isso, como o nosso Deus é um só, segundo diz Moisés: *Ouve, ó Israel, o Senhor nosso Deus é um só* (Dt 6,4; Mc 12,29), e sendo um só e o mesmo e perfeito em si mesmo, não necessitando de nada, ele é benigno conosco e vem a nós com o seu amor de benevolência, da mesma forma, cada um de nós deve ser uno para si mesmo, mediante a integridade da virtude, e uno para o próximo, mediante o vínculo do

amor. Esta é imitação que o Apóstolo João nos recomenda quando, ao falar da caridade, diz: *Pois, assim como ele é, também nós o somos neste mundo* (1Jo 4,17).

Mas costumam existir três obstáculos para se chegar a esta unidade que, como dissemos, cada um deveria possuir: a presunção, a pusilanimidade e a leviandade. São presunçosos aqueles que pensam poder fazer aquilo que não podem e presumem ter o que não receberam. Entre estes estava Pedro quando, na paixão do Senhor, dizia: *Senhor, estou pronto a ir contigo para a prisão e para a morte* (Lc 22,33). Os pusilânimes são exatamente o oposto dos presunçosos. Entre eles estava novamente Pedro, quando dizia: *Retira-te de mim, Senhor, pois sou um homem pecador* (Lc 5,8). Levianos e inconstantes são aqueles que se deixam levar por qualquer sopro de doutrina (cf. Ef 4,14), aqueles a quem agora desagrada o que pouco antes agradava e o que antes escolheram, pouco depois rejeitam.

Mas de que serve elencar esses vícios, se não ensinamos também os remédios com os quais cada um pode se curar? Devemos perseguir os inimigos da unidade, sem jamais desanimar, até que sejam aniquilados (cf. Sl 17,38). Portanto, contra a presunção devemos opor a consideração da nossa fraqueza; esta afasta sobretudo a odiosa ousadia. Contra a pusilanimidade devemos ter a confiança no poder divino, a fim de podermos fazer com a sua ajuda o que não podemos fazer com as nossas forças, e com o Apóstolo digamos: *Tudo posso naquele que me conforta* (Fl 4,13). Contra a leviandade devemos obter o conselho dos anciãos, para que não sejamos levados por doutrinas várias e estranhas (cf. Hb 13,9), mas façamos o que nos ordena a lei divina: *Interroga teu pai e ele te contará; os teus avós, e eles te dirão* (Dt 32,7).

13. Falamos da unidade que cada um deve ter para si mesmo; falemos agora daquela que se deve ter para o próximo. Existem dois modos de possuí-la: através do amor que nos inclina para o outro e do afeto que, em troca, recebemos dele. Também esse pode ser impedido de duas formas: pela obstinação e pela desconfiança. A obstinação não nos permite entrar no coração do outro, a desconfiança nos impede de crer que somos amados pelos outros. Isso faz que, enquanto nos obstinamos em não amar os outros e desconfiamos que os outros nos amem, não se realiza a unidade que devemos ter com o próximo. Também esta dupla doença é medicada por uma dupla caridade: aquela que não busca os próprios interesses (cf. 1Cor 13,5) e aquela que tudo crê (cf. 1Cor 13,7).

Quem é obstinado, tenha a caridade que não busca os próprios interesses e ame os outros; quem é desconfiado tenha a caridade que tudo crê, e creia que ele, sem dúvida, é amado pelos outros.

6º Sermão

Os três elementos que tornam Maria "cheia de graça"

1. *Ave, Maria, cheia de graça* (Lc 1,28). A plenitude da graça não poderia basear-se apenas na virgindade, pois nem todos recebem a graça por meio dela. Felizes os *que não contaminaram as suas vestes* (Ap 3,4) e, com a nossa rainha, se gloriam do privilégio da virgindade.

Mas *tens, porventura, uma só bênção*, Senhora? *Rogo-te que abençoes também a mim* (Gn 27,38). Essa virtude pereceu em mim, já não existe, nem posso aspirar por ela. Apodreci na minha sujeira, *tornei-me como um jumento* (Sl 72,23); mas não haverá nada em mim que valha alguma coisa diante de ti? Não haverá lugar onde eu possa estar contigo, porque já não posso seguir-te aonde quer que vás (cf. Ap 14,4)?

O Anjo procura a donzela que o Senhor preparou para o filho do seu senhor (cf. Gn 24,14). Ele bebe do teu cântaro, alegrando-se com a virtude que lhe é conhecida; mas não darás de beber também aos jumentos? Bebe o anjo, porque não conheces varão (cf. Lc 1,34); que bebam também os jumentos, já que te glorias especialmente da humildade: *o Senhor olhou para a humildade de sua serva* (Lc 1,48). De fato, a virgindade sem a humildade talvez *tenha de que gloriar-se, mas não junto de Deus* (Rm 4,2).

O Excelso olha sempre para as coisas humildes e conhece as soberbas de longe (cf. Sl 137,6). Aos humildes dá a graça, mas resiste aos soberbos (cf. Pr 3,34; 1Pd 5,5).

Mas teu cântaro não está cheio com estas duas medidas; tem capacidade para mais uma terceira, de forma que não só bebem o anjo e os jumentos, mas também o mestre-sala. Com efeito, o anjo que serve tira este vinho bom que conservamos até agora, mas para levá-lo ao mestre-sala (cf. Jo 2,6-10). Refiro-me ao Pai que, por ser o princípio da Trindade, com justiça é chamado de mestre-sala. Com razão o Anjo, louvando a fecundidade de Maria, diz que é a terceira medida: *O Santo que há de nascer de ti será chamado Filho de Deus* (Lc 1,35), como se dissesse: Somente com ele tens em comum esta geração.

6

Domingo durante a oitava da Assunção

(SBO, vol. V, p. 262-274)

Sermão

Sobre as palavras do Apocalipse

> *Apareceu no céu um grande sinal: uma mulher revestida do Sol, com a Lua debaixo dos pés e uma coroa de doze estrelas na cabeça* (Ap 12,1).

1. Um dano verdadeiramente imenso, diletíssimos, nos causaram um só homem e uma só mulher; mas, graças a Deus, um só homem e uma só mulher restauraram tudo, e não sem um grande acréscimo de graças. Realmente, *a transgressão não se compara com o dom* (cf. Rm 5,15), mas a grandeza do benefício supera a avaliação do dano. Na verdade, o prudentíssimo artífice não quebrou aquilo que estava rachado, mas o refez totalmente mais útil, porque do velho formou para nós um novo Adão e transformou Eva em Maria.

Na verdade, Cristo podia ter sido suficiente, porque ainda agora nos vem dele tudo aquilo de que precisamos (cf. 2Cor 3,5); mas não era bom para nós que o homem estivesse só (cf. Gn 2,18). Antes, era conveniente que os dois sexos cooperassem na nossa redenção, já que os dois foram corresponsáveis na nossa ruína. Realmente, *o homem Jesus Cristo* é o fiel e onipotente *mediador entre Deus e os homens* (1Tm 2,5), mas os homens estão cheios de temor pela majestade divina que habita nele. Sua humanidade parece ser absorvida pela divindade; não porque tenha sido mudada a substância, mas porque sua maneira de ser foi deificada. Não se proclama só a sua misericórdia, mas também a sua justiça (cf. Sl 100,1), porque, se por aquilo que padeceu aprendeu a compaixão (cf. Hb 5,8), para se tornar misericordioso (cf. Hb 2,17), tem também o poder de julgar.

Enfim, *o nosso Deus é um fogo devorador* (Hb 12,29). Por que, então, o pecador não deveria ter medo de se aproximar se, como a cera que ante o fogo se derrete (cf. Sl 67,3), ele poderia desaparecer diante da face de Deus?

2. Portanto, não parece inútil a presença dessa mulher bendita entre as mulheres (cf. Lc 1,42); certamente, ela tem seu lugar nesta obra de reconciliação. De fato, deve haver um mediador ao lado desse Mediador; e ninguém nos é mais útil do que Maria. Eva foi realmente cruel, porque por ela a antiga serpente inoculou o veneno funesto também no homem; Maria, porém, foi fiel, pois ofereceu aos homens e às mulheres o antídoto da salvação. Aquela foi o instrumento da sedução, esta da propiciação; aquela inspirou a prevaricação, esta trouxe a redenção.

Por que a fragilidade humana teria medo de ir a Maria? Nela, nada é severo, nada é terrível. Ela é toda suavidade e a todos oferece o leite e a lã. Recorda com a maior atenção todos os episódios da história evangélica, e se em Maria aparecer algum sinal de irritação, de dureza, ou mesmo de leve indignação, terás motivo de suspeitar e ter medo de te aproximar dela. Mas se, como é na realidade, encontrares que tudo o que diz respeito a ela é cheio de piedade e de graça, de mansidão e de misericórdia, então dá graças Àquele que com benigníssima compaixão providenciou para ti uma medianeira na qual nada existe de suspeito.

Por fim, ela se fez tudo para todos (cf. 1Cor 9,22); fez-se devedora de ilimitada caridade a sábios e a ignorantes (cf. Rm 1,14). Abre a todos o seio da misericórdia, para que todos recebam de sua plenitude (cf. Jo 1,16): o escravo, a liberdade; o doente, a saúde; o triste, o consolo; o pecador, o perdão; o justo, a graça; o anjo, a alegria; e, enfim, toda a Trindade, a glória; a pessoa do Filho, a natureza da carne humana, para que ninguém escape ao seu calor (cf. Sl 18,7).

3. Pensas que é ela a mulher revestida do Sol? De acordo com a visão profética, essa mulher deveria ser entendida como sendo a Igreja do tempo presente; mas não parece inconveniente que o significado seja atribuído a Maria. Na verdade, ela é a que se revestiu como um outro Sol. Com efeito, como o Sol nasce indistintamente para bons e maus (cf. Mt 5,45), assim ela não examina os méritos passados, mas se apresenta acolhedora e clementíssima a todos e, com imenso afeto, atende às necessidades de todos. Ela está acima de toda a miséria e, qualquer que seja a fragilidade ou a corrupção, ela ultrapassa a todos os outros por uma notabilíssima sublimidade e supera as criaturas, de forma que, com razão, se diz que a Lua está debaixo dos seus pés. Aliás, dizendo que a Lua está debaixo dos seus pés, creio que não dizemos nada de extraordinário, porque também

não duvidamos que ela tenha sido exaltada sobre os coros dos anjos, sobre os querubins e até sobre os serafins.

Costuma-se dizer que a Lua não só é símbolo de corrupção, mas é também sinal de inteligência pouco brilhante e, por vezes, ainda símbolo da Igreja nesta terra. No primeiro caso, devido à sua mutabilidade; no segundo, porque recebe de outra parte o seu esplendor. No entanto, diria que se pode entender a Lua que está debaixo dos pés de Maria em ambos os sentidos, ora num e ora noutro, pois *o insensato muda como a Lua, mas o sábio persevera como o Sol* (Eclo 27,12).

Realmente, no Sol, o calor e o esplendor são estáveis; na Lua, há somente esplendor, e este totalmente mutável e incerto, porque ela nunca permanece no mesmo estado. Portanto, com razão Maria é apresentada como revestida do Sol, pois ela penetrou o abismo profundíssimo da sabedoria divina mais do que se possa imaginar; de forma que, quanto o permite a condição de uma criatura que não tem união pessoal [com a natureza divina], ela aparece como que imersa naquela luz inacessível (cf. 1Tm 6,16). Com aquele fogo são purificados os lábios do Profeta (cf. Is 6,6-7), naquele fogo se acendem os serafins. Muito diversamente, Maria mereceu não apenas ser tocada superficialmente, mas ser coberta, envolta e como que fechada pelo próprio fogo.

Alvíssimo e também quentíssimo é, sem dúvida, o manto desta mulher: tudo o que nela vemos é tão fulgurante que nada nos permite suspeitar que alguma coisa seja, não digo tenebrosa, mas obscura ou menos brilhante, como também nada é morno, nada que não seja ferventíssimo.

4. Realmente, qualquer insensatez está muito abaixo dos seus pés, de forma que absolutamente ela não faz parte do número das mulheres insensatas (cf. Jó 2,10) ou do grupo das virgens tolas (cf. Mt 25,2). E até aquele tolo extraordinário, príncipe de toda a tolice, que, realmente mudado como a Lua (cf. Eclo 27,12), perdeu a sabedoria por causa de sua beleza (cf. Ez 28,17), agora sofre uma aviltante escravidão, pisado e esmagado sob os pés de Maria.

Na verdade, ela é a mulher que outrora foi prometida por Deus e que com a força do seu pé haveria de esmagar a cabeça da antiga serpente, e esta, com muitas astúcias, tentaria em vão ferir-lhe o calcanhar (cf. Gn 3,15). Sozinha ela esmagou toda a maldade das heresias. Um afirmava que ela não tinha gerado Cristo de sua carne; outro sussurrava que ela não tinha dado à luz, mas havia encontrado o menino; este blasfemava que, ao menos depois do parto, ela conhecera varão; aquele, não suportando ouvir que ela fosse Mãe de Deus, impiamente escarnecia do grande título de *Theotókos*. Mas foram esmagados os traidores, calados os caluniadores, desmascarados os difamadores e todas as gerações a chamam Bem-aventurada (cf. Lc 1,48). Enfim, por meio de Herodes (cf. Mt 2,3-18), o dragão tramou contra a mãe para devorar-lhe o filho apenas nascido (cf. Ap 12,4), por causa da inimizade entre a descendência da mulher e a do dragão.

5. Se com a palavra "lua" parece que se deva entender mais a Igreja, porque não brilha por si mesma, mas

por meio daquele que diz: *Sem mim nada podeis fazer* (Jo 15,5), tens claramente expressa a medianeira, da qual falamos pouco acima. Diz: *Uma mulher revestida do Sol, com a Lua debaixo dos pés* (Ap 12,1).

Abracemos os passos de Maria, meus irmãos, e, em devotíssima prece, lancemo-nos a seus santos pés. Retenhamo-la e não a larguemos (cf. Ct 3,4) enquanto não nos abençoar (cf. Gn 32,26), pois é poderosa.

Como o velo está entre o orvalho e a eira (cf. Jz 6,36-40), como a mulher está entre o Sol e a Lua, assim Maria foi colocada entre Cristo e a Igreja. Talvez te admiras não tanto do velo coberto de orvalho, quanto da mulher revestida do Sol. De fato, é grande a intimidade, mas é absolutamente maravilhosa a proximidade do Sol e da mulher. Pois como é possível que uma natureza tão frágil resista a tanto calor? Tens razão de te admirar, santo Moisés, e de querer ver melhor. Porém, se desejas aproximar-te, *tira as sandálias de teus pés* (Ex 3,5) e cobre também os teus pensamentos carnais. Diz: *Irei, e verei esta grande visão* (Ex 3,3).

Realmente, grande visão é uma sarça que arde sem se consumir; grande sinal é a mulher que, revestida do Sol, permanece ilesa. Não faz parte da natureza da sarça estar coberta de chamas e não se queimar totalmente; mas também a mulher não tem o poder de suportar um vestido de Sol. Não é força da natureza humana, nem da natureza dos anjos: é necessário um poder superior. *O Espírito Santo descerá sobre ti* (Lc 1,35), diz. E parece que ela responde: "*Porque Deus é espírito* (Jo 4,24) e *o nosso Deus é um fogo devorador* (Hb 12,29), *o poder,* não o meu nem o teu, mas *do Altíssimo, te cobrirá com sua sombra*" (Lc 1,35). Portanto, não deve causar maravilha se, coberta com tal sombra, a mulher pode suportar também um tal vestido.

6. *Uma mulher revestida do Sol*. Totalmente coberta de luz como dum vestido (cf. Sl 103,2). Quem é carnal, provavelmente, não compreende: afinal, é algo espiritual e lhe parece tolice (cf. 1Cor 2,14). Não era o que pensava o Apóstolo, que dizia: *Revesti-vos do Senhor Jesus Cristo* (Rm 13,14).

Como te tornaste familiar a ele, ó Senhora! Quão próxima, e até quão íntima mereceste te tornar! Quanta graça achaste diante dele (cf. Lc 1,30)! Ele permanece em ti e tu nele (cf. Jo 6,57): tu o vestes e és revestida por ele. Tu o vestes com a substância da carne, e ele te veste com a glória de sua majestade. Tu vestes o Sol com uma nuvem e és revestida pelo Sol. De fato, o Senhor fez algo novo sobre a terra: que uma mulher envolvesse o homem (cf. Jr 31,22), o mesmo do qual se diz: *Eis o homem cujo nome é Oriente* (Zc 6,12). Fez algo de novo também no céu: que aparecesse uma mulher revestida do Sol. Enfim, ela o coroou e, por sua vez, mereceu ser coroada por ele.

Saí, filhas de Sião, e vede o Rei Salomão com o diadema com o qual sua mãe o coroou (Ct 3,11). Mas disso falaremos em outra ocasião. Por enquanto, aproximai-vos mais, para ver a rainha coroada com o diadema com o qual a coroou seu Filho.

7. *E uma coroa de doze estrelas na cabeça* (Ap 12,1). Com efeito, é digna de ser coroada de estrelas a cabeça

que, por ser mais brilhante do que elas, mais as adorna do que por elas é adornada. E por que as estrelas não deveriam coroar aquela que se reveste do Sol? *Como um dia de primavera*, diz, *a cercavam as flores das roseiras e os lírios dos vales* (cf. Eclo 50,8). Na verdade, a mão esquerda do esposo está sob sua cabeça e a direita a abraça (cf. Ct 2,6; 8,3). Quem poderia avaliar aquelas pedras preciosas? Quem poderia contar as estrelas das quais se compõe o diadema real de Maria? Explicar a natureza e indicar a composição dessa coroa está acima da capacidade do homem.

Mas nós, que por causa de nossa pequenez nos abstemos da perigosa tentativa de penetrar nos segredos divinos, nessas doze estrelas, talvez possamos compreender as doze prerrogativas de graças com as quais Maria foi adornada de modo especial. De fato, em Maria podemos encontrar os privilégios do céu, os privilégios da carne e os privilégios do coração; e se multiplicarmos por quatro estes três privilégios, talvez tenhamos as doze estrelas pelas quais brilha diante de todos o diadema da nossa rainha.

Eu penso que o fulgor aparece em primeiro lugar no nascimento de Maria, em segundo lugar na saudação do anjo, em terceiro lugar na vinda do Espírito Santo sobre ela e em quarto lugar na inefável conceição do Filho de Deus. Além disso, a beleza luminosa das estrelas aparece no fato de ser a primeira a fazer o voto de virgindade, no fato de sua fecundidade sem mancha, no fato de sua gravidez sem incômodo e no fato de seu parto sem dor. E mais, em Maria brilham com luminosidade verdadeiramente especial a suavidade do pudor, a devoção da humildade, a grandeza da fé e o martírio do coração. Ficará por conta do vosso zelo a contemplação mais aprofundada de cada um desses privilégios. Contentar-nos-emos com um breve aceno.

8. O que brilha como estrela no nascimento de Maria? O fato de pertencer à estirpe real, de ser descendente de Abraão, da generosa casa de Davi. Se isso parece pouco, acrescenta que o nascimento, como sabemos, foi concedido por Deus por um particular privilégio de santidade, que muito tempo antes havia sido divinamente predito pelos Pais, que foi prefigurado em misteriosos prodígios, que foi prenunciado pela boca dos profetas. De fato, foi prenunciado pela vara sacerdotal [de Aarão] que floresceu sem raízes (cf. Nm 17,8), pelo velo de Gedeão, banhado de orvalho no meio de uma eira seca (cf. Jz 6,36-38), pela porta oriental que, na visão de Ezequiel, nunca se abriu a ninguém (cf. Ex 44,1-3). Mas, sobretudo, pela profecia de Isaías, prometendo que um broto sairia da raiz de Jessé (cf. Is 11,1), ou, mais claramente, que uma virgem daria à luz (cf. Is 7,14). Com razão se escreve que um grande sinal apareceria no céu, porque há tanto tempo já havia sido prometido pelo céu. Diz: *O próprio Senhor vos dará um sinal: uma virgem conceberá* (Is 7,14). Realmente, nos deu um grande sinal, porque é grande também aquele que o deu. Portanto, como não se refletiria intensamente até o fundo dos nossos olhos o fulgor desse privilégio?

O mérito sumamente extraordinário e a graça singular da nossa Virgem nos são recomendados também pelo fato de ela ter sido saudada pelo arcanjo com tanto respeito e com tanta submissão. Tanto que ela parecia já elevada ao trono real, acima de todos os exércitos celestes, e ele, que até então costumava ser reverenciado pelos homens, como que querendo adorar a mulher.

9. Contudo, brilha também na nova maneira de conceber: Maria não concebe no pecado (cf. Sl 50,7), como todas as demais mulheres[34], mas pelo Espírito que vem só sobre ela e unicamente para a santificação. É um abismo de luz o fato de que ela tenha gerado o verdadeiro Deus e o Filho de Deus, de modo que de Maria nasceu o próprio Filho de Deus e do homem, Deus e homem ao mesmo tempo; e diria que até um olho angélico facilmente ficaria ofuscado com a potência deste fulgor.

No mais, a novidade do próprio propósito basta para ilustrar com clareza a virgindade física de Maria e o propósito de conservá-la, porque, superando em liberdade de espírito os preceitos da lei mosaica, ela fez voto a Deus de conservar ilibada a castidade do corpo e do espírito. O fato de responder com tanta firmeza ao anjo que lhe prometia um filho prova a base inviolável do seu propósito: *Como se fará isso, pois eu não conheço varão?* (Lc 1,34). Exatamente por isso, primeiro *perturbou-se ao ouvir estas palavras e pensava sobre o*

---

[34]. Aqui Bernardo alia-se à ideia, por muito tempo comum na Igreja, de que o ato de conceber, por transmitir o pecado original, tinha algo de pecaminoso, também no matrimônio. Base escriturística para isso era o Sl 50,7 – *"em pecado minha mãe me concebeu"*. É exatamente essa mentalidade que impedia Bernardo de aceitar a Imaculada Conceição desde o primeiro instante.

significado dessa saudação (Lc 1,29), pois ouvia ser bendita entre as mulheres aquela que desejava ser bendita entre as virgens. E, por isso, *pensava sobre o significado dessa saudação*, que já lhe parecia suspeita. E, já que na promessa de um filho ela via um perigo para a virgindade, não pôde esconder por mais tempo e perguntar: *Como se fará isso, pois eu não conheço varão?* Com razão, pois, ela mereceu aquela bênção [= da maternidade], sem perder a outra [= da virgindade], a fim de que nela fosse imensamente gloriosa quer a virgindade com a maternidade, quer a maternidade com a virgindade; como duas estrelas que, com seus raios, se iluminam mutuamente. Com efeito, grande coisa é ser virgem; mas ser virgem e mãe ao mesmo tempo é algo imensamente maior.

Era justo também que só ela, pois só ela havia concebido sem a voluptuosidade carnal, não sentisse o incômodo penosíssimo que todas as outras mulheres grávidas sofrem. Assim, desde o início de sua gravidez, quando em geral as outras mulheres começam a sofrer muito por causa do seu estado, Maria dirigiu-se cheia de alegria a uma região montanhosa, para servir a Isabel (cf. Lc 1,39). E mais, já próxima ao parto, subiu a Belém (cf. Lc 2,4), carregando aquele preciosíssimo depósito, carregando o leve peso (cf. Mt 11,30), carregando aquele que a carregava.

Assim, no parto temos outro esplendor, pois, com inusitado júbilo, a única que entre as mulheres não estava sujeita ao comum castigo e à dor das parturientes deu à luz um filho único.

Se avaliarmos o valor das coisas por sua raridade, não se poderá encontrar nada mais raro. Nenhuma mulher foi semelhante a ela antes dela, e nenhuma o será depois dela[35]. Se examinarmos atentamente tudo isso, sem dúvida, nascem em nós não só a admiração, mas também a veneração, a devoção e a consolação.

10. Mas também aquilo que segue exige imitação. Nós não fomos prometidos por Deus antes do nascimento muitas vezes e de muitos modos (cf. Hb 1,1) nem fomos anunciados pelo céu ou honrados pelo Arcanjo Gabriel com a homenagem de uma saudação nova. Menos ainda nos comunicou os outros dois [privilégios], que constituem seu segredo exclusivo (cf. Is 24,16). Com efeito, somente dela foi dito: *O que nela foi concebido é do Espírito Santo* (Mt 1,20); e só a ela foi dito: *O Santo que há de nascer de ti será chamado Filho de Deus* (Lc 1,35).

Ofereçam-se as virgens ao rei (cf. Sl 44,15), mas depois dela, pois só ela tem a primazia. Tanto mais que só ela concebeu sem pecado, gerou sem incômodo e sem dor deu à luz o filho. Ora, nada disso se exige de nós; mas existe algo que se exige também de nós. Será que o celibato perdoará a nossa negligência nas obrigações, se em nós faltarem a afabilidade do pudor, a humildade

---

35. Aqui Bernardo cita um trecho da 2ª Antífona das Laudes in Nativitate Domini – *Genuit puerpera Regem* – que não está na atual Liturgia das Horas, porque os salmos das Laudes passaram de cinco para três. O texto em latim dizia: "nec primam similem visa est, nec habere sequentem", certamente inspirado no *Evangelho do Pseudo-Mateus*: "ninguém poderá dizer que antes dela tivesse havido uma igual e, depois dela, neste mundo, não haverá outra".

de coração, a grandeza da fé e a compaixão da mente? O rubor na face do homem pudico é uma pedra preciosíssima no diadema, uma estrela que brilha na cabeça. Pode-se pensar que faltasse essa graça àquela que era cheia de graça?

Maria foi reservada; e o provamos pelo Evangelho. Onde se vê que ela aparece loquaz ou presunçosa? Querendo falar com seu Filho (cf. Mt 12,46), ela permaneceu fora, não interrompeu o discurso com sua autoridade materna nem invadiu a casa onde o Filho falava. Aliás, se prestarmos bem a atenção, vemos que em todo o texto dos quatro Evangelhos[36] Maria só fala quatro vezes: a primeira vez fala ao anjo, mas só depois que este lhe havia dirigido a palavra mais de uma vez (cf. Lc 1,34); a segunda, a Isabel, quando as palavras de sua saudação fizeram João exultar no seio de sua mãe e, enquanto Isabel louvava Maria, esta preocupou-se em magnificar o Senhor (cf. Lc 1,46-55); a terceira, ao Filho, quando este tinha 12 anos, para dizer-lhe que ela e seu pai, aflitos, o procuravam (cf. Lc 2,48); a quarta vez, ao Filho e aos servos, nas núpcias [de Caná] (cf. Jo 2,3-5). Mas também esta palavra foi um sinal claríssimo de natural mansidão e de virginal reserva. De fato, considerando sua a vergonha dos outros, não pôde suportar, não pôde esconder que faltava vinho. Repreendida com dureza pelo Filho, ela, mansa e humilde de coração (cf. Mt 11,29), não lhe respondeu, mas também não se

---

36. Note-se que, apesar do conhecimento e uso que então se fazia dos "apócrifos", Bernardo, certamente seguindo já uma tradição, fala de *quatro* Evangelhos.

desesperou, admoestando os servos a fazer o que ele lhes dissesse.

11. Não se lê, por acaso, que os primeiros a chegar foram os pastores e que a primeira que encontraram foi Maria? Diz o Evangelista: *Encontraram Maria, José e o Menino deitado na manjedoura* (Lc 2,16). Da mesma forma os magos, se bem recordas, encontraram o menino, mas com Maria, sua mãe (cf. Mt 2,11); e quando apresentou o Senhor do templo no templo do Senhor (cf. Lc 2,22-35), ouviu de Simeão muitas coisas que se referiam a ele e a ela mesma, porque era reservada no falar, mas pronta a ouvir (cf. Tg 1,19). Por isso, *Maria conservava todas essas palavras, meditando-as no seu coração* (Lc 2,19); em todas essas circunstâncias, porém, não encontrarás uma palavra sequer sobre o próprio mistério da encarnação do Senhor.

Mas ai de nós, que temos um sopro nas narinas (cf. Is 2,22). Ai de nós, que pomos para fora todo o espírito, que, como diz o Cômico, cheios de fendas o deixamos fugir por todos os lados[37].

Enfim, muitas vezes Maria ouviu o Filho, não só quando falava às multidões em parábolas, mas também quando, à parte, revelava aos discípulos os mistérios do reino de Deus (cf. Mc 4,11). Viu-o quando fazia milagres, viu-o novamente quando pendia da cruz, viu-o quando expirava, viu-o também quando ressuscitou e quando subiu ao céu; mas, em todos estes casos, quantas vezes nos lembramos de ter ouvido

---

37. Aqui São Bernardo cita *ad sensum* um verso do poeta cômico Terêncio, que em *O Eunuco*, I, 2, 105 diz: *Plenus rimarum sum, hac atque illac perfluo* (= Estou cheio de fendas, vazo por aqui e por ali).

a voz desta virgem reservadíssima, desta rola extraordinariamente pudica (cf. Ct 2,12)?

Por fim, lês nos Atos dos Apóstolos que, regressando do Monte das Oliveiras, perseveravam unânimes na oração. Quem? Se, por acaso, Maria estiver presente, que seja nomeada em primeiro lugar, pois ela está acima de todos, tanto pela prerrogativa de mãe de Deus quanto por sua singular santidade. Mas diz: *Pedro e João, Tiago e André* e seguem os outros, *todos perseveravam unânimes na oração com algumas mulheres e com Maria, a Mãe de Jesus* (At 1,13-14). Mostrava-se ela a última das mulheres para ser colocada como a última de todas? Eram ainda carnais os discípulos, aos quais *ainda não tinha sido dado o Espírito, pois Jesus ainda não havia sido glorificado* (Jo 7,39), quando se puseram a discutir entre si para saber quem deles seria o maior (cf. Lc 9,46; 22,24). Maria, porém, quanto maior era, tanto mais se humilhava, não só entre todos, mas até mais do que todos. Com justiça, pois, de última que era, se tornou a primeira, porque, embora fosse a primeira de todos, se fizera a última. Com justiça tornou-se a senhora de todos, aquela que se fizera a serva de todos. Com justiça, enfim, foi exaltada acima dos anjos, aquela que com inefável mansidão se considerava abaixo das viúvas e das penitentes e também abaixo daquela de quem foram expulsos sete demônios (cf. Lc 8,2).

Filhinhos, eu vos suplico: se amais a Maria, imitai esta virtude; se procurais causar-lhe prazer, imitai a sua modéstia. Pois nada se adapta melhor ao homem, nada é mais conveniente ao cristão e sobretudo nada fica tão bem ao monge.

12. Brotada dessa mesma mansidão, reluz intensamente na Virgem a virtude da humildade. De fato, a humildade e a mansidão são irmãs gêmeas, unidas por um vínculo mais fraterno naquele que dizia: *Aprendei de mim, que sou manso e humilde de coração* (Mt 11,29). Pois, como a soberba é a mãe da presunção, assim a verdadeira mansidão procede da verdadeira humildade.

Mas a humildade de Maria não se manifesta apenas no seu silêncio; ressoa mais claramente nas suas palavras. Ela ouvira: *O Santo que há de nascer de ti será chamado Filho de Deus* (Lc 1,35); e nada mais respondeu senão que ela era a sua serva (cf. Lc 1,38). Depois, foi visitar Isabel, a quem imediatamente foi revelada pelo Espírito a glória especial da Virgem. Ao vê-la chegar, cheia de admiração, disse: *Donde me vem a honra de vir a mim a mãe de meu Senhor* (Lc 1,43)? Enaltecia também a sua saudação, acrescentando: *Porque assim que ecoou em meus ouvidos a voz de tua saudação, a criança estremeceu de alegria em meu seio* (Lc 1,44), e louvava a fé daquela que havia crido, dizendo: *Feliz és tu que acreditaste, porque se hão de cumprir as coisas que da parte do Senhor te foram ditas* (Lc 1,45).

Grandes elogios, portanto. Mas a humildade devota não retém coisa alguma para si e canaliza tudo para aquele ao qual pertencem as graças que nela são louvadas. Tu, diz ela, engrandeces a Mãe do Senhor, mas *a minha alma engrandece o Senhor* (Lc 1,46). Afirmas que ao som de minha voz o filho exultou de alegria [em teu seio], mas *o meu espírito exulta em Deus meu Salvador* (Lc 1,47); e também ele, como amigo do esposo, enche-se de alegria com a voz do esposo (cf. Jo 3,29). Dizes que é feliz aquela que acreditou; mas a causa da minha fé e da minha felicidade está na bondade divina, de forma que por isso todas as gerações me chamarão feliz, porque Deus olhou para a sua humilde e pequena serva (cf. Lc 1,48).

13. E então, irmãos, devemos talvez pensar que Santa Isabel, que falava inspirada pelo Espírito, estivesse errando? Absolutamente. Sem dúvida, é feliz aquela à qual Deus voltou seu olhar, e é feliz aquela que acreditou. Pois este é o grande fruto do olhar divino.

E por inefável intervenção do Espírito, foi tanta a magnanimidade que no segredo do seu coração virginal se acrescentou a tão grande humildade que, como já dissemos a respeito da integridade e da fecundidade, também estas duas virtudes se assemelham a duas estrelas que se iluminam reciprocamente. De forma que nem a grande humildade diminuiu a magnanimidade, nem a magnanimidade diminuiu a grande humildade; ao contrário, aquela que na própria avaliação era tão humilde, era tão magnânima na fé das promessas divinas que, apesar de se considerar apenas uma pequena serva, simplesmente não duvidou que era escolhida para este insondável mistério, para esta admirável troca, para este imperscrutável sacramento, e que logo se tornaria a verdadeira mãe de Deus e do homem.

É prerrogativa da graça divina agir de tal forma nos corações dos eleitos que a humildade não os torne pusilânimes e a magnanimidade não os torne arrogantes; antes, ajudam-se mutuamente, para que não só não se insinue a soberba por causa da magnanimidade, mas esta até faça crescer a humildade; e assim, [os eleitos] se tornem mais tementes e reconhecidos ao doador de todo o bem. Por outro lado, a pusilanimidade não deve aproveitar-se em nada desta situação de humildade; mas aquele que costumava não confiar nas suas forças, nas mínimas coisas, confie mais ainda na força divina quando se trata de coisas importantes.

14. Quanto ao martírio da Virgem – que, se vos lembrardes, nomeamos como a décima segunda estrela do seu diadema –, é confirmado tanto pela profecia de Simeão, quanto pela história da paixão do Senhor.

Este é posto como sinal de contradição, disse o santo velho do menino Jesus; e, dirigindo-se a Maria, acrescentou: *E uma espada traspassará a tua alma* (Lc 2,34-35). E de fato, ó Bem-aventurada Mãe, uma espada traspassou a tua alma. Do contrário, se não a tivesse traspassado, não teria podido penetrar na carne do Filho. Realmente, depois que o teu Jesus – o Jesus de todos, é verdade, mas especialmente o teu – expirou (cf. Mt 27,50), a cruel lança que lhe abriu o lado (cf. Jo 19,34) – sem poupar o morto, a quem já não podia prejudicar – não traspassou a alma dele, mas a tua. Na verdade, a alma dele já não estava ali; mas a tua não podia ser arrancada. Portanto, a força da dor traspassou a tua alma, para que com razão te consideremos mais do que mártir, pois a intensidade do teu sofrimento com ele superou de muito o sofrimento do corpo.

15. Ou não foram para ti mais do que uma espada que traspassa a alma e chega até a separação da alma e do espírito (cf. Hb 4,12) as palavras: *Mulher, eis aí o teu filho* (Jo 19,26)? Que troca! Entregam-te João em lugar de Jesus, o servo em lugar do Senhor, o discípulo em lugar do mestre, o filho de Zebedeu em lugar do Filho de Deus, um simples homem em lugar do verdadeiro Deus! Como não seria traspassada a tua afetuosíssima alma ao ouvir essas palavras, se sua simples lembrança parte os nossos corações, que são de pedra, ou até de ferro?

Não vos admireis, irmãos, que Maria seja chamada de mártir na alma. Admire-se quem não se recorda de ter ouvido Paulo dizer que entre os maiores pecados dos pagãos está que são sem coração (cf. Rm 1,31). Assim não foi com Maria; assim não seja também com seus servos.

Talvez alguém dirá: "E ela não sabia que Jesus haveria de morrer?" Sem dúvida. "Não sabia que logo mais haveria de ressuscitar?" É verdade. "Apesar disso, sofreu ao vê-lo crucificado?" Imensamente. Aliás, quem és tu, irmão, ou de onde te vem essa sabedoria, que te admiras mais de Maria que sofre por compaixão, do que pelo Filho de Maria que sofre? Se ele pôde morrer no corpo, por que ela não pôde morrer com ele no coração? Aquilo foi feito pelo amor [de Jesus], que ninguém teve maior (cf. Jo 15,13); isso foi feito pelo amor [de Maria], a quem ninguém se assemelhou depois dela.

E agora, Mãe de misericórdia, pelo próprio sofrimento de tua alma puríssima, humildemente prostrada a teus pés, a Lua te suplica devotamente que sejas sua medianeira junto ao Sol de justiça, para que na tua luz ela possa contemplar a luz (cf. Sl 35,10), e por tua intercessão mereça a graça do Sol que te amou sobre todas as criaturas e te ornou, revestindo-te com o manto da glória (cf. Eclo 6,32) e pondo em tua cabeça uma formosa coroa (cf. Ez 16,12).

Tu és cheia de graça, cheia de celeste orvalho, apoiada no teu dileto, inebriada de delícias (cf. Ct 8,5). Alimenta, hoje, os teus pobres, ó Senhora; também eles são como cachorrinhos que se saciam de migalhas (cf. Mt 15,27); dá de beber do teu cântaro cheio não apenas ao servo de Abraão, mas também aos camelos (cf. Gn 24,18-20), porque és verdadeiramente a filha escolhida e preparada para o Filho do Altíssimo, *que está acima de tudo, Deus bendito por todos os séculos. Amém* (Rm 9,5).

Conecte-se conosco:

f   facebook.com/editoravozes

◉   @editoravozes

𝕏   @editora_vozes

▶   youtube.com/editoravozes

◎   +55 24 2233-9033

www.vozes.com.br

Conheça nossas lojas:

www.livrariavozes.com.br

Belo Horizonte – Brasília – Campinas – Cuiabá – Curitiba
Fortaleza – Juiz de Fora – Petrópolis – Recife – São Paulo

EDITORA VOZES LTDA.
Rua Frei Luís, 100 – Centro – Cep 25689-900 – Petrópolis, RJ
Tel.: (24) 2233-9000 – E-mail: vendas@vozes.com.br